权威·前沿·原创

皮书系列为
"十二五""十三五""十四五"时期国家重点出版物出版专项规划项目

B

BLUE BOOK

智库成果出版与传播平台

工业和信息化蓝皮书
BLUE BOOK OF INDUSTRY AND INFORMATIZATION

软件产业发展报告
（2023~2024）

ANNUAL REPORT ON THE DEVELOPMENT OF
SOFTWARE INDUSTRY (2023-2024)

组织编写／国家工业信息安全发展研究中心
主　　编／蒋　艳

社会科学文献出版社
SOCIAL SCIENCES ACADEMIC PRESS (CHINA)

图书在版编目（CIP）数据

软件产业发展报告 . 2023~2024 / 蒋艳主编 .
北京：社会科学文献出版社，2024.8. -- （工业和信
息化蓝皮书）. -- ISBN 978-7-5228-3771-0

Ⅰ. F426.67

中国国家版本馆 CIP 数据核字第 20247C6F99 号

工业和信息化蓝皮书

软件产业发展报告（2023~2024）

组织编写／国家工业信息安全发展研究中心
主　　编／蒋　艳

出 版 人／冀祥德
组稿编辑／宋　静
责任编辑／张　超
责任印制／王京美

出　　版／社会科学文献出版社 · 皮书分社 （010）59367127
　　　　　地址：北京市北三环中路甲 29 号院华龙大厦　邮编：100029
　　　　　网址：www.ssap.com.cn
发　　行／社会科学文献出版社 （010）59367028
印　　装／天津千鹤文化传播有限公司

规　　格／开　本：787mm×1092mm　1/16
　　　　　印　张：18　字　数：232 千字
版　　次／2024 年 8 月第 1 版　2024 年 8 月第 1 次印刷
书　　号／ISBN 978-7-5228-3771-0
定　　价／158.00 元

读者服务电话：4008918866

《软件产业发展报告（2023~2024）》
编　写　组

课题编写　国家工业信息安全发展研究中心软件所

组　　长　周　平

副 组 长　潘　妍　　刘桂铛　　邓昌义

编写人员　许智鑫　　程薇宸　　李丹丹　　米明威　　赵　娆
　　　　　赵阳光　　成　雨　　王英孺　　李郁佳　　余宇舟
　　　　　闻书韵　　王　璞　　陈　榕　　李明时　　田莉娟
　　　　　孟　嫣　　吕应明　　耿　玥　　李浩田　　杨梦琦
　　　　　赵　哲　　张　畅　　郭昕竺　　张宏妮　　刘　维
　　　　　许　睿　　王昭杰　　武洲铭　　张　渊

主编简介

蒋　艳　国家工业信息安全发展研究中心主任、党委副书记，正高级工程师，中国电子质量管理协会理事长，工业和信息化部电子科学技术委员会常委、工控安全组组长。致力于工业信息安全、关键软件、制造业数字化转型等领域政策研究、标准研制、产业咨询、技术创新及行业管理工作，主要研究方向包括国家工业和信息化的战略布局、产业规划、政策标准等，牵头组织支撑编制和推动实施《"十四五"软件和信息技术服务业发展规划》《工业领域数据安全能力提升实施方案（2024—2026年）》《工业控制系统网络安全防护指南》等多项政策文件，主持完成多项省部级重大专项或研究课题，公开发表（出版）学术论文和著作30余篇（部）。

国家工业信息安全发展研究中心简介

国家工业信息安全发展研究中心（工业和信息化部电子第一研究所）成立于 1959 年，是工业和信息化部直属事业单位，是我国工业信息安全领域重要的服务保障机构。

经过 60 余年的发展与积淀，中心拥有 2 个国家质检中心、6 个工业和信息化部重点实验室，具有等保测评、商用密码安全性评估、信息安全风险评估、电子数据司法鉴定、软件测试等资质。牵头（或参与）承担了上百项国家重点研发计划、工业转型升级专项、制造业高质量发展专项、基础科研重大工程等重大专项，形成了工业信息安全综合保障、关键软件生态促进服务、制造业数字化转型服务三大业务体系，提供智库咨询、技术研发、检验检测、试验验证、评估评价、知识产权、数据资源等公共服务，并长期承担声像采集制作、档案文献、工程建设、年鉴出版等管理支撑工作。

新时期，中心将坚持以习近平新时代中国特色社会主义思想为指导，深入贯彻总体国家安全观，统筹发展和安全，聚焦主责主业，突出特色，以加快推进新型工业化为主线，围绕强化对部支撑保障、服务行业企业发展两项使命任务，聚焦工业信息安全、关键软件、制造业数字化转型三个重点领域，持续提升安全保障、转型服务、生态促进、决策支撑四种核心能力，加快建设一流的国家工业信息安全服务保障机构，为服务产业科技高水平安全、护航新型工业化高质量发展作出新的更大贡献。

公众号：国家工业信息安全发展研究中心

序

当前，新一轮科技革命和产业变革突飞猛进，全球科技创新空前密集活跃，5G、人工智能、互联网、大数据等新兴技术加速突破应用，带动相关传统技术交叉融合、迭代创新，催生一批具有重大影响力的新产业新业态。世界各国纷纷加强前瞻性战略布局，加大数字经济、先进制造、产业链供应链等领域发展的政策支持力度，竞争相关领域技术标准、经贸规则制定的主导权。全球产业发展和分工格局面临深刻调整，单边主义、保护主义势头明显上升，产业链重组、供应链重构、价值链重塑不断深化，加之受地区冲突影响，世界产业链供应链稳定受到冲击。

我国制造业规模已连续 14 年居世界首位，工业发展正处于由大变强的重要关口。2023 年 9 月，习近平总书记就推进新型工业化作出重要指示，强调"把高质量发展的要求贯穿新型工业化全过程，把建设制造强国同发展数字经济、产业信息化等有机结合"。2024 年 1 月 31 日，习近平总书记在主持中共中央政治局第十一次集体学习时强调，"发展新质生产力是推动高质量发展的内在要求和重要着力点"。这为我国加快发展新质生产力、深入推进新型工业化指明了方向，提供了根本遵循。我国具有工业体系完整、产业规模庞大、应用场景丰富等优势，数字经济规模位居全球第二，深入推进新型工业化，加快人工智能赋能，将有力推动制造业智能化转型、高水平赋能工业制造体系，促进我国产业从中低端迈向中高端。

自5G首次发牌起，我国5G商用至今已满5年。我国5G基站数、用户数、用户渗透率领跑全球，移动宽带平均下载速率已超越固定宽带，5G创造的赋能价值得到了社会的高度认可。截至2024年6月，我国5G基站总数达391.7万个，占全网的33%，占全球的60.0%；5G移动电话用户达9.27亿户，占全网的52.4%，占全球的50.8%；5G峰值与均值下载速率为4G的7倍，上行速率为4G的3倍；据Speedtext数据，我国的移动通信平均下载速率居全球第7位。5G应用在制造业、矿业、电力、医疗等领域实现规模复制，直接带动经济总产出约5.6万亿元，间接带动总产出约14万亿元，有力地促进了经济社会高质量发展。现在以5G-A为代表的5G发展下半场已经开始，创新仍然是产学研各界面对的共同命题，需要在智能化、宽带化、轻量化、主动适配等方面积极开展技术和应用创新，深化与实体经济的结合。

人工智能正以前所未有的速度和规模发展，大模型、AIGC成为全球数字经济发展的热点。各类科技大公司、创新型公司展开投入竞赛，我国以百度、华为、阿里等为代表的数字企业加大人工智能大模型开发力度，创新应用不断迭代升级。截至2024年6月底，我国已经完成备案并上线能为公众提供服务的生成式人工智能大模型已达180余个，注册用户已突破5.64亿。2024年将发力AI的垂直行业应用，我们将看到越来越多的创新应用场景和产品形态涌现，这对于推动我国人工智能产业快速、持续、健康发展具有非常重要的作用。截至2024年第一季度，我国人工智能企业数量超过4500家，工业机器人、工业软件等数字产品和服务能力不断提升，为人工智能赋能新型工业化奠定了良好基础。

大模型的快速发展离不开高质量数据的支持，同时也是数据价值的体现。《全国数据资源调查报告（2023年）》显示，2023年，全国数据生产总量达到32.85泽字节（ZB），同比增长

22.44%；数据存储方面，我国累计数据存储总量为1.73ZB，存储空间利用率为59%。预计2024年，数据生产量增长将超过25%，数据存储能力也将随硬件技术的升级迭代和降本而快速提升，数据规模优势将进一步扩大。党中央决策部署组建国家数据局，负责协调推进数据基础制度建设，统筹数据资源整合共享和开发利用，统筹推进数字中国、数字经济、数字社会规划和建设等，将有力促进数据要素技术创新、开发利用和有效治理，以数据强国支撑数字中国建设。

大模型的全球爆发，带动了算力需求的快速增长，我国已经成为全球的算力大国。"东数西算"工程8个国家算力枢纽节点暨十大数据中心集群建设提速，建设超过180条干线光缆，骨干网互联带宽扩容到40T，全国算力枢纽节点20ms时延圈已经覆盖了全国主要城市。截至2023年底，我国在用数据中心机架总规模超过810万标准机架，算力总规模达到了230EFLOPS，即每秒230百亿亿次浮点运算，位居全球第二，同比增长约30%。其中，智能算力规模达到了70EFLOPS，在所有算力中的占比提高到约30%，增速超过70%。随着人工智能训练需求的高涨，各行业各领域对智能算力的需求日趋强烈，算力在短期内虽然会出现难以满足需求的情况，但会随应用需求加速调整布局，提高算力利用率。

应用方面，以大模型为代表的人工智能发展正加速与制造业深度融合，深刻改变制造业生产模式和经济形态，展现出强大的赋能效应。截至2023年底，全国工业企业关键工序数控化率和数字化研发设计工具普及率分别达到62.2%和79.6%。工业互联网融入49个国民经济大类，覆盖全部工业大类，深入制造业研、产、供、销、服等各环节。培育国家级智能制造示范工厂421家、省级数字化车间和智能工厂万余家，人工智能等技术在90%以上的示范工厂得到应用，有效带动传统产业转型升级。当前市场以基础大模型为主，通识能力强,但缺少行业专业知识。如何将大模型融入千行百业,是下一阶段的发展重点,也将为工业、金融、广电等行业数字化转型和高质量发展带来新动能。

绿色低碳是新型工业化的生态底色,也是当今世界科技革命和产业变革的方向。我国绿色低碳转型扎实推进,工业绿色化发展取得新成效,钢铁和有色金属等传统行业规上工业单位增加值能耗继续下降,乙烯等行业达到能效标杆水平的产能比例已经超过30%。信息基础设施能效也不断优化,截至2023年底,累计培育196家绿色数据中心。绿色动能加快释放,累计培育绿色工厂5095家、绿色工业园区371家、绿色供应链管理企业605家。汽车来到新能源时代,国产品牌的新能源车率先利用数字技术在平价车型上提供智驾等配置,显著提升国产新能源车的竞争力。2024年上半年,新能源汽车产销同比分别增长30.1%和32.0%,市场占有率达到35.2%。智能网联系统在汽车产业内的装配率预计将在2025年达到83%的水平,年均复合增长率为16.1%,与新能源车相辅相成。

2024年是实现"十四五"规划目标任务的关键一年,也是全面落实全国新型工业化推进大会部署的重要一年。党的二十届三中全会决定指出,"促进各类先进生产要素向发展新质生产力集聚"。工业和信息化领域是实体经济的重点,更是数字经济和实体经济融合发展的主战场。值此之际,国家工业信息安全发展研究中心推出2023~2024年度"工业和信息化蓝皮书",深入分析研判数字经济、人工智能、新兴产业、数字化转型、工业绿色低碳、软件产业、中小企业发展等重点领域的最新态势和发展趋势。相信读者能从蓝皮书新颖的观点、深入的分析、翔实的数据和丰富的案例中有所收获,更全面地理解和把握当前工业和信息化领域的发展形势、机遇和挑战,持续推动新质生产力发展取得新进展、

新突破，加快建设制造强国和网络强国，不断开创新型工业化发
展新局面。

　　是为序。

摘　要

软件作为人类知识和文明的载体，是新一代信息技术的"灵魂"，是加快发展新质生产力、推进新型工业化的重要力量。"软件定义"引领创新、促进转型、培育动能，不断加速数字产业化和产业数字化进程，为制造强国、网络强国、数字中国建设提供关键支撑。"十四五"时期，全球新一轮科技革命和产业变革深入推进，我国经济阔步迈向高质量发展新阶段，软件产业迎来新的发展机遇。

本书综合研判 2023 年全球软件产业发展情况，就基础软件、开源、工业软件、新兴技术、区域产业发展进行专题论述。2023年，国家软件发展战略深入推进，软件"十四五"规划全面实施，软件和信息技术服务业持续保持两位数的产值增速，位居国民经济各行业前列，在经济增长中发挥"火车头"作用，展现出强劲的发展势头和广阔的发展前景，各领域创新取得突破，体现在四个方面。一是应用牵引，国产软件产品应用规模持续扩大，关键核心技术掌控能力持续增强，产品质量与服务稳步提升。二是生态培育，我国软件产业生态持续优化，逐步形成软硬协同、产用互促的良好态势；开源发展势头迅猛，开源项目、社区、人才发展取得新成效，助力我国开源生态国际化发展。三是创新突破，以大模型为代表的生成式人工智能技术爆发式增长，国产人工智能实现产品跃升、产业升级，并正在深刻影响软件的产品形态、技术架构、开发方式以及产业格局，大模型真正开始赋能千行百业。四是产业突围，工业软件自主创新加速，进一步推动传统产业数字化转型，软件赋能新型工业化步伐加快，市场空间正逐步打开，崛起突围正当时。

关键词： 软件产业　基础软件　工业软件　新兴技术

目 录

I 总报告

B.1 2023年中国软件产业发展报告

.... 程薇宸 赵 娆 许智鑫 / 001

II 基础软件篇

B.2 我国基础软件发展现状、问题及建议 .... 赵阳光 / 013

B.3 我国移动操作系统发展现状及建议 ...... 成 雨 王英孺 / 019

B.4 国产车用操作系统开源路径研究

.... 李郁佳 余宇舟 程薇宸 / 024

B.5 我国数据库产业发展现状及趋势

.... 程薇宸 闻书韵 赵阳光 / 031

B.6 新一代信息技术开辟基础软件跨越发展新路径

.... 许智鑫 闻书韵 李郁佳 / 039

Ⅲ 开源篇

B.7 高水平建设我国开源体系路径研究
·················· 程薇宸 王 璞 陈 榕 / 047
B.8 开源许可证合规问题探究 ·············· 王 璞 成 雨 / 059
B.9 RISC-V 软件生态发展现状及建议 ······ 王英孺 成 雨 / 066
B.10 大语言模型的开闭源发展模式研究 ·············· 赵 娆 / 072
B.11 《CISA 开源软件安全路线图》解读
·················· 李郁佳 程薇宸 / 079

Ⅳ 工业软件篇

B.12 AI 技术成为驱动工业软件革新的强劲引擎
·················· 李明时 田莉娟 / 085
B.13 开源引擎助力工业软件创新发展
·················· 孟 嫣 田莉娟 / 092
B.14 增强中试支撑保障,助力软件产业高质量发展
·················· 李明时 米明威 吕应明 / 099
B.15 工业软件集成适配标准体系框架研究
·················· 田莉娟 米明威 / 107
B.16 我国工业软件产业联盟发展现状 ······ 田莉娟 李浩田 / 112

Ⅴ 新兴技术篇

B.17 2023年我国 AI 大模型产业发展报告
·················· 许智鑫 程薇宸 / 119

B.18 我国区块链产业态势洞察与发展建议

⋯⋯⋯⋯⋯⋯⋯⋯⋯⋯⋯⋯ 杨梦琦 许智鑫 赵 哲 / 124

B.19 2023年我国云计算产业高质量发展报告

⋯⋯⋯⋯⋯⋯⋯⋯⋯⋯⋯⋯⋯⋯⋯⋯ 许智鑫 闻书韵 / 129

B.20 我国 Web3.0产业发展路径研究 ⋯⋯⋯⋯⋯⋯⋯ 杨梦琦 / 137

B.21 隐私计算助力数据要素安全流通 ⋯⋯ 张 畅 陈 榕 / 145

B.22 风险管理护航人工智能产业健康发展研究 ⋯⋯ 郭昕竺 / 152

Ⅵ 区域篇

B.23 京津冀软件园区协同发展研究 ⋯⋯⋯⋯⋯⋯ 张宏妮 / 158

B.24 粤港澳大湾区软件产业集聚发展研究 ⋯⋯⋯ 郭昕竺 / 165

B.25 软件园区助力长三角软件产业高质量发展研究

⋯⋯⋯⋯⋯⋯⋯⋯⋯⋯⋯⋯⋯⋯⋯⋯⋯⋯⋯⋯ 刘 维 / 170

B.26 成渝软件产业引领西部地区高质量发展研究

⋯⋯⋯⋯⋯⋯⋯⋯⋯⋯⋯⋯⋯⋯⋯⋯⋯⋯ 李丹丹 / 177

B.27 高质量建设中国软件名园路径研究 ⋯⋯⋯⋯⋯ 许 睿 / 183

Ⅶ 专题篇

B.28 国产软件价值问题分析及金融支持路径探究

⋯⋯⋯⋯⋯⋯⋯⋯⋯⋯⋯⋯⋯⋯⋯⋯ 郭昕竺 王昭杰 / 188

B.29 国外软件供应链治理体系及举措研究

⋯⋯⋯⋯⋯⋯⋯⋯⋯⋯⋯⋯ 程薇宸 李郁佳 杨梦琦 / 195

附 录

2023年中国软件产业大事盘点

⋯⋯⋯⋯⋯⋯⋯⋯⋯⋯⋯⋯⋯⋯ 武洲铭 赵 娆 张 渊

张 畅 陈 榕 王昭杰 / 210

Abstract ⋯⋯⋯⋯⋯⋯⋯⋯⋯⋯⋯⋯⋯⋯⋯⋯⋯⋯⋯ / 233

Contents ⋯⋯⋯⋯⋯⋯⋯⋯⋯⋯⋯⋯⋯⋯⋯⋯⋯⋯⋯ / 235

皮书数据库阅读**使用指南**

总报告

B.1
2023年中国软件产业发展报告

摘　要：　软件是新一代信息技术的灵魂，是数字经济发展的重要底座，是制造强国、网络强国、数字中国建设的关键支撑。2023年，我国软件产业整体上呈现稳增长、控风险、增效益、添活力特点，综合实力迈上新台阶，同时不断开辟新赛道，重构软件生态，加速形成软件新质生产力。新时代新征程上，面对日趋激烈的国际竞争和产业链供应链安全挑战，围绕加快推进新型工业化的重大战略部署，我国软件产业坚持补短板、拉长板、锻新板，全面提升产业体系自主创新能力，加快推进产业高质量发展。

* 程薇宸，国家工业信息安全发展研究中心软件所工程师，主要从事软件及新一代信息技术、软件开源生态、软件供应链安全等领域研究；赵娆，国家工业信息安全发展研究中心软件所工程师，主要从事软件及新一代信息技术、产业生态建设、开源等方面研究；许智鑫，博士，国家工业信息安全发展研究中心软件所工程师，主要从事新一代信息技术、人工智能大模型生态等领域研究。

关键词： 软件产业 数字经济 新质生产力

一 2023年我国软件产业发展态势

2023年，我国软件产业呈现"平稳较快增长、结构持续优化"的特点，产业规模效益实现双提升，关键软件创新加快推进，软件应用推广不断深入，新兴业态培育取得良好成效，产业集聚效应日益凸显，已成为数字经济发展的引领力量。

（一）软件业务收入高速增长，产业整体运行稳步向好

2023年，我国软件产业规模效应实现双提升，成为推动经济增长的"强心针"和"催化剂"。软件业务收入突破12万亿元，同比增长13.4%，产业规模近十年连续保持两位数增长，有力支撑经济社会数字化转型（见图1）；软件业利润总额达到1.46万亿元，同比增长13.6%，增速较上年同期提高7.9个百分点。[①] 软件创新活力持续迸发，2023年全国计算机软件著作权登记量突破249万件，同比增长35.95%，登记数量和增速均创5年来新高。产业聚集效应持续凸显，中国软件名城软件业务收入约占全国软件业务收入的80%，部分城市软件产业对城市GDP的贡献率超35%。[②] 在技术创新和市场需求的双轮驱动下，我国软件产业保持整体稳中向好的基本面，在国内外环境的不断变化中展现更强的韧性与活力。

---

① 工信部：《2023年软件业经济运行情况》，https：//www.miit.gov.cn/gxsj/tjfx/rjy/art/2024/art_ 5af672124ebc48149d9c793b6ca7ed79.html。

② 《2023年中国著作权登记总量超892万件 同比增长40.46%》，https：//baijiahao.baidu.com/s？id=1797217999754042006&wfr=spider&for=pc。

图1　2014~2023年软件业务收入增长情况

资料来源：工业和信息化部。

（二）关键软件供给能力不断提升，自主创新发展取得实效

基础软件方面，我国操作系统、数据库、中间件、办公软件等一批基础软件产品性能得到较大提升，一批标志性成果填补产业空白。2023年我国国产操作系统市场规模增速远高于全球水平，鸿蒙、欧拉等一批知名产品，底层自研、生态自立取得显著成效。国产分布式数据库性能位居全球前列。国产中间件产品国内市场占有率已稳居第一。金山WPS等国产办公软件发展日趋成熟，为全球220多个国家和地区提供服务。工业软件方面，随着我国制造业加速向数字化智能化发展，工业软件市场规模不断扩大，供给能力有效提升。全国工业软件产品收入由2019年的1720亿元增长至2023年的2824亿元，年均复合增长率达13.2%，高于全球增速。① 经营管理及运维服务类国产工业软件的国内市场份额已占七成，生产制造类国产工业软件的国内市场占有率也达五成，研发设计类工业软件部分产品可以满足中低

---

① 根据工信部2019~2023年软件业经济运行数据计算。

端需求以及中小企业需求。行业应用软件和新兴平台软件方面，持续锻造长板优势，我国智能电网、智慧物流、小程序等应用软件全球领先，高精度卫星导航定位系统能够提供全球领先的动态厘米级、静态毫米级定位，服务全球用户，云计算、人工智能、区块链等新兴平台软件稳居世界第一梯队。

（三）重点行业应用走向深入，产用协同水平不断提升

在自主创新的趋势下，国内关键行业数字化创新升级正从一般应用系统转向核心系统，特别是金融、能源、电信等行业正深入进行核心系统改造，初步构建国产基础软硬件的迁移环境，至 2023 年底基本形成中等规模的复杂场景解决方案。在市场需求驱动下，国内服务器操作系统、移动操作系统、关系型数据库迎来快速发展的战略机遇。2023 年欧拉服务器操作系统在我国市场份额达 36.8%，[①] 鸿蒙移动操作系统在我国市场占有率突破 10%，[②] 成为继安卓、iOS 之后的世界第三大操作系统，国产数据库市场份额由 2019 年的 35% 提升至 2022 年的 57%，[③] 应用规模纷纷跨越生态拐点，取得历史性突破。同时，制造业数字化转型日趋深入，截至 2023 年底，制造业重点领域关键工序数控化率、数字化研发设计工具普及率分别增长至 60.1% 和 78.3%，[④] 均为工业软件的发展提供了沃土。伴随重点行业典型应

---

① 《IDC 预测：欧拉市场份额达 36.8%，服务器操作系统市场份额第一》，https：//mp. weixin. qq. com/s/3S-ZhgKmJ13gpUn8vJ8J2Q。
② 《一起见证！2024 年，鸿蒙 OS 成为中国市场第二大智能手机操作系统》，https：//mp. weixin. qq. com/s/iCjCkqbZ8vI6z3myMcWO4w。
③ 《中国关系型数据库市场规模逐年攀升　关键行业应用不断深化》，https：//mp. weixin. qq. com/s/xuE_ MAvyw1plhUcDe1B2IQ。
④ 国家发展改革委：《〈中华人民共和国国民经济和社会发展第十四个五年规划和2035 年远景目标纲要〉实施中期评估报告》，https：//mp. weixin. qq. com/s/tKt6zVDwFGXA8VdWhgQnIA。

用场景不断向国产软件开放，产业链上下游协同研发、集成验证、供需对接机制将不断健全，逐步形成应用需求牵引、产业迭代升级的良好发展局面。

（四）开源生态迈出坚实步伐，开源发展潜能加速释放

我国作为全球开源生态的重要参与方和贡献者，正积极培育以开放、共建、共享、共治为代表的中国开源体系，加快提升开源自立自强水平，开源理念日益深入人心。目前，中国已成为开源参与者数量全球排名第二、增长速度最快的国家，GitHub 2022 年度报告显示，中国开发者贡献的仓库数量超过 1000 万，占全球 15% 以上。[①] 国内开源基础设施初步齐备，孕育出全球规模第二大代码托管平台，开放原子开源基金会作为首家成立的全国性开源基金会，广泛汇聚各方开源力量，孵化运营"开源鸿蒙""开源欧拉"等 21 个开源项目，推动龙蜥（OpenAnolis）、开放麒麟（OpenKylin）等近 30 个开源项目进入孵化预备期。优质的开源项目、活跃的开源社区、优秀的开源贡献者不断涌现，开源鸿蒙、开源欧拉等 10 余个优质开源项目走上国际舞台，TiDB、飞桨、涛思数据等开源商业化软件达到国际前沿水平。在开源的加持下，我国基础软件和新一代信息技术加速创新演进，形成初具规模的产业生态。如欧拉开源社区用户累计超过 216.4 万，超过 17000 名开发者在社区持续贡献，已拥有一定生态基础和自发展能力；国内对标 Hugging Face 的大模型开源社区魔搭社区汇集近 3000 个大模型，吸引 400 万名开发者参与开源共建，支撑国内大模型技术加快迭代发展。

---

① 《中国开源软件开发者人数已突破 800 万，位居全球第二》，https：//mp. weixin. qq. com/s/cSWugmc-yxB3RVZFxTfzQA。

（五）生成式人工智能迎来爆发元年，变革产业格局态势明显

2023 年，全球以生成式人工智能为代表的新兴技术和产业应用大爆发，加速软件产业及其他行业变革，**重塑以 AI 为核心的业务逻辑**。从全球重点企业在软件开发、智能办公、操作系统等领域布局和应用 AI 的情况看，微软、谷歌、华为等科技企业已逐步将大模型赋能应用至操作系统、办公软件、浏览器等旗下业务领域，集成生成式人工智能大模型的操作系统极有可能统一桌面端和移动端的应用入口，算力、数据、模型和算法成为新的核心竞争力。我国大模型发展快速跟进，呈现"百模大战"格局，规模基本与美国持平，具备跟进全球 AI 大模型发展浪潮的能力基础。从软件产业发展角度看，基于大模型的 AI 编程助手将大幅提升编程效率，AI+低代码的深度融合将允许更多非软件专业的业务人员参与软件开发，重塑软件产业发展格局。从行业赋能角度看，在大模型的加持之下，AR/VR、元宇宙、智能机器人、模型即服务（MaaS）等新兴产业应用场景加速拓展和落地实践，原生智能的软件产品更好地帮助企业降本增效，创新业务模式，并有力推动金融、能源、文娱、制造等千行百业生产力的跃升。

二　当前我国软件产业面临的问题和挑战

软件产业是数字和智能时代的战略性基础产业，已成为大国科技博弈的主战场，对于我国抢占新一轮发展制高点、构筑国际竞争新优势意义重大。在党中央、国务院的统筹部署下，近年来我国软件产业创新能力、综合实力持续增强，但制约产业发展的问题仍然存在，主要集中在四个方面。

（一）从基础能力看，关键软件短板明显，源头和底层关键技术受制于人

国外仍控制着操作系统等基础软件及高端工业软件产品，掌握着软件开发语言和工具等产业链核心环节。我国软件产业体量虽大，但"基础弱、应用强"结构性矛盾突出，作为产业根基和命门的操作系统、数据库、高端工业软件等关键核心技术对外依存度仍然较大。

从原始创新能力看，国产软件对云计算、人工智能、移动互联网等关系软件未来发展方向的新兴及前沿技术研究不够深入，基础研究更多偏向于在国外已有的技术基础之上做局部突破，原创性技术路线及产品仍由国外科技企业引领。如前期我国企业在大模型领域的探索更多参考谷歌 BERT 路线，随着 ChatGPT 在人机对话领域的超预期表现，国内大模型技术路线逐渐向 GPT 方向收敛。从协同创新能力看，国内对于开源协同创新的探索不足，在核心技术自主创新、国际影响力等方面与全球主流水平相比仍有较大差距。目前，美国拥有国际三大主流开源基金会，存储几亿行开源代码、汇聚 7800 余万开发者的代码托管平台，以及近 200 项国际通用开源协议，对关键软件领域绝大多数根社区掌握主导权。而我国开源基础设施起步晚，开源项目孵化机制和开源生态治理规则尚不成熟，技术路线演进方向仍然依赖国外开源社区，"开源"模式对软件协同创新的激发作用有待进一步释放。

（二）从产业生态看，自主生态建设仍需加速，产业国际影响力、竞争力不足

在国外已抢占基础软件、高端工业软件领域"事实标准"，构筑强大竞争护城河的情况下，我国软件自主研发创新面临国外技术和产业生态的挤压，自主软件生态建设面临巨大的市场壁垒。一是国际主

流话语权微弱。我国软件产业长期跟随国外发展，形成了以国外技术为底座、聚焦上层应用开发的固有路径，根技术掌控不足，生态自主化水平亟须提升。国内企业对 Linux 内核的贡献率不足 6%。Linux 最新发布的核心代码贡献榜单中，前 20 家只有华为一家上榜。二是龙头企业引领带动作用不足。我国软件产业呈现跨国企业寡头垄断、国产厂商分散竞争的市场格局，龙头企业数量少实力弱，软件产业链缺乏核心和依托。我国桌面操作系统头部企业软件的相关业务收入不足微软公司 Windows 系统收入的 0.5%；国内最大的行业应用软件龙头企业的收入仅相当于全球最大企业应用软件公司 SAP 的 1/25；美国 AWS、微软、Oracle 三家厂商占据全球数据库 67.9% 的市场份额，而国内 150 家数据库厂商仅占全球的 7.2%，企业"小散弱"现象突出。三是技术路径割裂、生态聚力难。自下而上的技术生态缺乏统筹规划，相关产业主体各自为政，难以实现基于强强联合的生态链条整合。以操作系统和数据库为例，我国从事国产操作系统开发的骨干软件企业至少有 15 家，参与数据库市场竞争的企业更是高达 150 多家，本土 Linux 上游开源社区分叉演进、互不兼容。低水平重复竞争使国产软件资源整合、技术迭代和优化能力弱，损害了我国软件产业的整体市场绩效。四是产业国际影响力与整体规模不匹配。面对日益激烈的国际竞争和外部封锁打压，2023 年我国软件业务出口同比下降 3.6%，企业国际市场拓展遇阻，我国在 GitHub 上活跃的开发者数量首次被印度超越，一定程度上弱化了我国在全球开源生态中的参与贡献和优势地位，我国软件产业国际化发展空间需要持续拓宽。

（三）从应用环境看，核心应用亟待攻坚，供需互促的良性循环仍未形成

应用是国产软件发展最为重要的因素，有了稳定有效的应用场

景，企业就能持续优化迭代，发展生态。然而，用户对国产软件认识不够、信心不足，容错机制不健全，部分重点行业用户信息安全、供应链安全意识不足，倾向于购买国外产品，易产生路径依赖与生态锁定，核心应用场景对国产软件开放不足。这些导致国产软件难以得到采购和使用机会，无法迭代提升，形成恶性循环，一旦被"卡脖子"，短期无法形成替代。从需求侧来看，当前我国数字化转型的巨大内需潜力尚未有效转化为对国产软件的有效需求，存量市场对国产关键软件拉动不足，国产软件落地应用缺乏"试炼场"。在政策驱动下，金融、电信、交通等重点行业领域应用取得阶段性进展，但尚未形成以市场机制为驱动和企业主导的动力模式，高端复杂的核心业务层、执行层对于国产软件开放不足，不能为国产基础软件、高端工业软件释放足够市场空间。从供给侧来看，新业务新赛道新场景需求释放不足，应用牵引不够，产品场景化适应性差。随着人工智能、量子计算、虚拟现实等技术的发展，"人机物"三元融合、万物智能互联、元宇宙等新兴场景的应用环境变化多样、迭代快速，现有软件产品的功能设计和技术架构难以迅速适应并满足其独特需求，新产品新技术市场认可度不高，创新企业也难以通过新产品新技术获得接续研发的资金。

（四）从发展质量看，产业发展均衡性仍需加强，与高质量发展要求尚存在差距

经过多年发展，我国软件企业逐步参与从软件产品研发到终端用户服务全过程各环节，但高端软件产品多被美西方国家垄断或管辖，我国软件产业被锁定于全球价值链中低端，软件价值失衡、市场失灵等问题凸显，尚难以有效汇聚资源要素、步入良性发展轨道。一是从国际分工看，国内企业多集中在价值链较低的环节。我国有规模庞大的程序员队伍，在编码实现上具有优势，但在设计与集成等高价值环

节能力不足。二是从国内市场看，软件价值匹配不当。软件作为无形资产，成本估算、造价标准和方法欠缺，软件价值失衡现象突出。软件实际价值与市场价格不匹配，0元中标、1元中标现象屡见不鲜。三是从研发投入看，我国软件产业平均研发投入强度仅10%，远低于美国16%的水平，缺少具有自主知识产权的核心技术和关键产品，产业发展上层空间无法打开，只能在价值链下游参与有限的利益分配。四是从产品质量看，产品功能性能有待持续提升。国外软件产品具有先发优势，生态基本锁定，国产软件缺少用户，在产品功能改进、理解用户需求、提升用户体验等方面仍有较大差距。五是从资源要素看，人才瓶颈、资金瓶颈问题突出。据不完全统计，我国整体软件人才缺口达600万人，尤其是高端复合型、领军型人才供给不足，风险投资机制建设不足，软件领域风险投资资金规模不足美国的15%，产教合作、产融对接亟须加强。

三　加快推动我国软件产业高质量发展

（一）抓技术，加强核心技术攻关，保障产业链韧性安全

一是提高关键软件自主供给能力。以国家战略需求为导向，加快关键软件攻关，聚力破解"缺芯少魂"掣肘。把握"人机物"万物智能互联时代新机遇，构建新的关键软件体系，以"换道超车"缓解传统基础软件"卡脖子"瓶颈，把握未来产业发展主动权。二是强化供给侧与需求侧融合、协同发展。着力打通产业化链条，引导产业链上下游联合开展关键产品攻关与集成创新，促进国产软件的供需对接与迭代优化，以应用促创新，以创新造示范。三是引导开源从"参与融入"到"蓄势引领"。通过技术产业代际变迁的机遇，实现赶超，形成非对称的优势，充分发挥原发于中国的开源社区辐射作

用，在国际上发起、主导、主持开源项目，提升在全球开源生态中的核心影响力。

（二）抓投入，持续深化产融合作，支撑软件价值提升

一是发挥财政资金引导带动作用。持续优化扶持政策，放大财政资金的撬动效应，用好"专项资金+引导基金"两大类资源支持企业在成长各阶段的投融资需求，形成有利于软件中小企业融资的金融布局。二是创新投融资支持模式。拓宽社会资本融资渠道，鼓励社会资本按照市场化原则，多渠道筹资，投资软件产业项目和中小企业。建立软件产业投资基金，以"政府+银行+创投"的方式，形成专注于软件中小企业的"股权+债权"融资模式。加快软件中小企业上市审核流程，畅通企业原始股东的退出渠道。三是完善多层次风险分担机制。加强软件知识产权保护、软件价值评估工作，强化软件价值导向，利用首版次保险补偿、知识产权质押等多种方式，建立完善银行、评估机构、担保机构、保险公司等多方参与的风险分担和利益共享机制。

（三）抓企业，培育壮大链主企业，塑造国际竞争优势

一是培育生态主导型链主企业。支持行业龙头企业通过兼并、重组等方式发展壮大，采取上下游产业链联动、拆分上市等方式延伸产业链，强链补链固链，优化产业链条整合力，建立国际化创新网络，培育形成一批具有全球影响力的行业龙头企业，在国际舞台上发出更大的"中国声音"。二是支持建设软件企业"生态圈"。鼓励龙头企业发挥自身引领示范作用，围绕产业链整合垂直业务体系，结成"发展共同体"，构建技术竞争优势，形成商业闭环，实现产业链上下游企业之间的"抱团"发展，避免重复竞争。三是完善企业梯度培育体系。以联盟合作、风险投资、规划咨询等形式，支持软件技术

细分领域创新创业，加快培育大批"专精特新"软件企业，形成以大企业集团为核心、集中度高、分工细化、上下游协作高效的产业生态体系。

（四）抓载体，汇聚区域生态资源，打造产业创新高地

一是擦亮"区域"底色。充分发挥区域产业优势，引导产业结构调整，引导企业顺应软件产业发展方向和要求，提升对大型软件企业的吸引力，强化城市内部产用协同，打造内循环，提升城市软件化能力。二是激活"名园"特色。围绕国家软件发展战略部署，将软件园区作为落实关键软件攻关任务的集中承载主体，坚持名企、名品一体化发展思路，打造特色化、专业化、品牌化、高端化产业集群。三是彰显"人才"本色。加大高端紧缺软件人才的引进力度，培养"由专到通"软件创新人才。强化产教融合，畅通引企入教双向对接通道，为企业培育人才、输送人才。

基础软件篇

B.2
我国基础软件发展现状、问题及建议

赵阳光*

摘　要：　基础软件是操作系统、数据库、中间件、办公软件等在信息系统中起着基础性、平台性作用的软件统称。近年来，在业界的共同努力下，我国基础软件取得长足进步，产品供给能力有效增强，应用规模不断扩大，生态建设加快完善，但同时也存在应用推广难度大、开源发展基础薄弱、生态建设尚不完善等问题和挑战，亟须从应用、攻关、开源、生态等方面加大支持力度，加快推动我国基础软件高质量发展。

关键词：　基础软件　操作系统　数据库　开源

---

* 赵阳光，国家工业信息安全发展研究中心软件所工程师，主要从事基础软件、新一代信息技术等领域研究。

一 我国基础软件发展现状

（一）创新能力不断提升

近年来，我国操作系统、数据库、中间件等基础软件快速发展，关键核心技术不断突破，产品加速由"可用"向"好用"迈进。部分国产桌面操作系统在功能方面基本已追平Windows7，部分功能赶超Windows10，[①]鸿蒙操作系统突破内核技术等底层技术，自研全新的微内核，欧拉、龙蜥等服务器操作系统部分性能达到国际先进水平。分布式数据库性能居国际前列，如OceanBase在TPC-C和TPC-H测试上都刷新了世界纪录。中间件、办公软件等产品在适应性、可靠性、兼容性等方面不断创新和提升，基本达到国际主流水平。

（二）应用范围逐步扩大

我国基础软件在政务、金融、通信、教育等行业领域的应用广度和深度不断拓展，带动产品持续更新迭代、优化升级。华为鸿蒙操作系统搭载旗下品牌设备超过3.2亿台，[②]并推出"矿鸿""电鸿"等，实现鸿蒙操作系统在工业领域的应用落地。2023年欧拉服务器操作系统累计装机量超过610万套，在国内服务器操作系统市场份额达到36.8%。[③]数据库、中间件、办公软件日趋成熟，易用性、稳定性基

---

① 《统信称其操作系统功能追平Windows7 生态攻关待破局》，https：//baijiahao.
baidu. com/s？id=1769525501316411293&wfr=spider&for=pc。
② 《搭载鸿蒙的华为设备达3.2亿台 较去年同期增长113%》，https：//baijiahao.
baidu. com/s？id=1748574390087405723&wfr=spider&for=pc。
③ 《欧拉系市场份额达36.8%成为中国第一服务器操作系统》，https：//baijiahao.
baidu. com/s？id=1785361121105338083&wfr=spider&for=pc。

本满足用户需求，其中 WPS 办公软件月活设备超 5.86 亿台，覆盖全球 220 个国家和地区。

（三）企业发展活力充沛

操作系统、中间件、办公软件等领域企业头雁效应日益显著。桌面操作系统逐渐呈现以麒麟软件和统信软件两家企业为主，中科方德、普华软件、麒麟信安等多家企业并存的竞争格局。华为在移动操作系统和服务器操作系统领域占据领先地位。数据库产业呈现百家争鸣的局面，包括武汉达梦、人大金仓等传统数据库企业，阿里、腾讯等互联网企业，华为、中兴等科技企业，以及平凯星辰、星环科技等新兴数据库企业。中间件领域，东方通具备一定的领先优势，普元信息、宝兰德、中创中间件、金蝶天燕等在细分领域各具特色。金山办公和福昕软件已发展为流式办公软件和版式办公软件的领军企业。

（四）生态体系逐步构建

我国基础软件通过迁移适配，加快构建产业生态。操作系统生态适配数量已超过 500 万。[①] 鸿蒙生态设备数量已达 8 亿台，[②] 开发者数量超过 220 万名。[③] 此外，开源模式已成为操作系统生态建设的重要途径，国内企业纷纷借助开源模式培育产业生态。如麒麟软件主导发起的中国开源桌面操作系统根社区 openKylin（开放麒麟），华为开源高斯数据库，蚂蚁集团开源自研数据库产品 OceanBase。2020 年，开放原子开源基金会成立，孵化了 OpenHarmony、openEuler、

---

① 华凌：《打造国产操作系统"护城河"》，《科技日报》2023 年 12 月 21 日。
② 《鸿蒙生态设备数量已达 8 亿，鸿蒙与昇腾云将深度协同构建 AI 新生态》，https：//baijiahao.baidu.com/s? id=1793961762904347066&wfr=spider&for=pc。
③ 余承东：《鸿蒙市场占有率不断提升成长空间巨大》，https：//caifuhao.eastmoney.com/news/20231219093532699910930。

PikiwiDB 等操作系统、数据库基础软件开源项目，加速产业生态构建。

二 我国基础软件发展存在的主要问题和挑战

一是应用推广难度大。我国基础软件市场占有率较低。国内用户企业长期使用国外基础软件，形成使用习惯和路径依赖，对国内基础软件功能、性能认识不足，了解不够，主动使用意识和动力不高。"好软件是用出来的"，国内基础软件缺少企业使用，很难快速迭代，从而导致更加无人问津，陷入恶性循环。

二是技术短板和路线分析问题依然存在。我国基础软件在兼容性、稳定性、成熟性等方面仍存在一定短板，在工程方法、底层算法、开发语言和工具等产业基础软件能力方面较为薄弱。此外，目前我国主流的 CPU 有四大架构六大品牌，操作系统有两种主流产品，实际上形成了十多种不同的技术路线，且在一定程度上存在演化标准不统一的问题，导致企业适配投入大，充分性劳动多。

三是开源发展基础薄弱。我国开源体系建设处于刚起步阶段，国内首家开源基金会成立较晚，开源项目储备量和竞争力不足，在全球开源体系中话语权不足，原创性开源技术少，开源文化普及程度不高，开源供应链安全存在风险，对基础软件开源发展支撑不足。

四是生态建设尚不完善。整体来看，我国基础软件适配软硬件数量仍然较少。国内基础软件企业普遍规模较小，在长期、高强度支持操作系统、数据库等基础软件研发投入方面存在较大挑战，缺少具有国际影响力的大企业。此外，基础软件人才不足，尤其是缺少高端的研发人员，软件领域相关人才大多从事人工智能等热门领域，掌握基础软件核心技术和底层软件开发能力的人员欠缺，也进一步制约了产业发展。

三 我国基础软件发展有关建议

一是深化应用牵引。加快在金融、电信、能源、教育等行业应用推广，加速产品迭代成熟。完善技术支持和服务体系，为用户提供技术咨询、培训、维护等服务，降低企业的使用成本和技术门槛。借助"一带一路"倡议、金砖国际合作机制等，引导具备条件的产品加快"走出去"。

二是推动核心技术突破和技术路线收敛。聚焦基础软件关键技术和产品，支持企业牵头，构建产学研用创新联合体，体系化开展"攻坚战"，加快补足短板。加快对现有应用生态的迁移适配，同时促进新应用生态的研究开发。研究推动操作系统、数据库等技术路线收敛，减少低水平同质化竞争和过度投资。超前布局下一代操作系统等前沿领域，跳出"低端锁定怪圈"。

三是加大金融财税支持。深化资本市场改革，开展符合基础软件特点的投贷联动、贷保联动等创新试点，拓宽企业融资渠道。优化软件企业税收优惠政策，进一步加大对基础软件的支持力度。在住房、医疗、子女教育、个人所得税减免等方面，加大对基础软件人才的支持力度。

四是培育开源生态。加强开源体系顶层设计，完善体系化布局。不断完善开源托管平台、开源协议、开源社区建设，建设更高水平的开源基础设施。培育更具活力的基础软件开源项目，营造更加良好的政策环境；打造基础软件开源应用示范标杆，发挥超大规模市场优势和产业体系完备优势，支持国内外优质开源社区加快孵化和应用推广，助力提升关键软件源头创新和供给能力，让更多明星基础软件开源项目和开源企业扎根开花结果。

五是加强基础软件人才建设。鼓励高校设立与基础软件相关的专业和课程，紧密结合产业发展需求，培养具备扎实理论基础和实践能力的人才。加强高校与企业之间的合作，支持校企双方编制基础软件教材，制定精品课程，建立实习实训基地、产教融合基地，在产业真实场景中强化实践育人。完善基础软件人才评价认证体系，为人才选拔、培养、激励和流动提供科学依据。充分发挥人才引进相关政策作用，积极引进海外高层次基础软件人才，提升我国基础软件研发的整体水平。

B.3
我国移动操作系统发展现状及建议

成雨 王英孺*

摘 要： 继华为鸿蒙之后，小米澎湃操作系统、vivo 蓝河操作系统、OPPO ColorOS 等多款移动操作系统相继问世，致力于在更大范围构建跨设备跨系统的应用生态。通过分析发展历程，国内移动操作系统在开放性、智能性等方面开展了有益探索，但面临的适配不足、配套不完善、人才匮乏等风险挑战也不容忽视。建议国内企业以开源为抓手持续筑牢技术根基，牢牢把握万物智能互联时代发展机遇。

关键词： 移动操作系统 开源 万物互联

一 我国移动操作系统发展现状

操作系统作为链接计算软硬件资源的纽带，衔接物理设备及资源和软件应用及服务，是计算体系中最基本最核心的软件。在移动操作系统领域，安卓（Android）和 iOS 系统占据了超 90%的全球市场份额。[①] 面对超大规模的市场需求，我国企业持续加大研发投入，增强

---

* 成雨，博士，国家工业信息安全发展研究中心软件所高级工程师，主要从事基础软件、开源软硬件、产业政策相关研究；王英孺，国家工业信息安全发展研究中心助理工程师，主要从事基础软件、开源软硬件、软件园区等方面研究。

① 《智能手机系统战升温 安卓 iOS 瓜分 9 成份额》，https：//tech. huanqiu. com/article/9CaKrnJyEwg? imageView2/2/w/228。

技术创新，推动移动操作系统产业快速发展。整体来看，我国移动操作系统领域呈现如下特点。

（一）产业发展格局初步显现

国内移动操作系统领域，整体呈现以鸿蒙 OS 为引领，澎湃 OS、蓝河 OS、ColorOS 紧随其后，其余厂商加快跟进的发展格局。鸿蒙 OS 自 2019 年发布第一个版本后，经过四版迭代创新，具有市场份额高、创新动能足、应用拓展广等特点，已在消费领域、工业领域得到广泛应用。当前，"纯血鸿蒙"（HarmonyOS NEXT）已构筑坚实的技术底座，正全面启动原生应用开发工作，为商业版本发行做准备。

（二）充分释放开源的赋能作用

开源模式有助于群智协同创新，推动产业生态完善。华为公司于 2020 年、2021 年分两次将智能终端操作系统 HarmonyOS 的基础能力捐献给开放原子开源基金会，形成 OpenHarmony 开源项目，已累计吸纳超 7000 名贡献者参与贡献。[①] 小米通过主导 NuttX 开源社区演进，汇聚全球开源力量，获取物联网操作系统前沿技术，保持 Vela OS 的竞争优势。vivo 持续加大对 hapjs（快应用）开源项目的投入，形成一套面向多终端部署的应用开发标准和工具，筑牢生态底座。

（三）把握"人机物"三元融合发展机遇

综观信息技术发展历程，PC 时代和移动互联网时代分别诞生以微软、谷歌、苹果等为代表的龙头企业。随着万物智能互联时代的到来，我国企业顺应信息技术发展趋势，不断构建跨设备跨系统的应用

---

① OpenHarmony 开源项目官方网站，https：//www.openharmony.cn/mainPlay。

生态。华为、小米、vivo、OPPO 面向物联网设备、移动终端、汽车、智能家居等领域先后推出可灵活部署的操作系统内核或中间件系统，致力于打造全生态分布式移动操作系统。同时，国内厂商纷纷在移动操作系统中融入人工智能大模型，使用户交互更加智能化。以 vivo 为例，发布涵盖十亿、百亿、千亿三个参数量级的大模型，形成端侧隐私保护、云侧优化能力的发展模式。

二 我国移动操作系统发展面临的问题

我国移动操作系统创新动能强劲，迎来新机遇新市场，但也面临一定的风险挑战。

（一）应用适配不足

目前国内主流厂商生态布局趋同，均致力于打造适应万物互联发展趋势的移动操作系统，面临同质化竞争、生态碎片化等风险，"北向"应用适配不足是当前面临的首要难题。以 HarmonyOS NEXT 为例，截至 2023 年，已有 400 余家厂商启动鸿蒙原生应用开发，与计划首阶段打造的 5000 款软件应用存在较大缺口，相较安卓百万款软件应用数量仍有较大差距。[①]

（二）配套工具尚不完善

国内移动操作系统早期基于 Linux 内核、兼容安卓开放源代码（AOSP），用于保障安卓应用的顺利迁移和稳定运行。一旦改变技术路线，意味着要开发相应的功能模块，重新构建起基础核心组件、扩展组件等配套工具链。与此同时，人工智能大模型尚未完成端侧部

---

① 《鸿蒙，新篇章》，https://mp.weixin.qq.com/s/VE-EO4gSHwfPqxVuJku1GQ。

署，为满足手机功耗和成本需求，还需进一步提升软硬件协同能力，加快打造与之相匹配的手机芯片。

（三）专业人才缺口大

国内移动操作系统的内核技术与目前主流移动操作系统（Android、iOS）的架构设计有所不同。以鸿蒙 OS 为例，其创新性提出微内核设计、分布式软总线技术等，需要开发者投入时间和资源学习新技术、新工具，导致短期内专业化人才缺失严重，能够从事原生应用开发的开发者数量与原生应用需求不匹配，供需关系失衡。同时，随着国内移动操作系统的广泛应用，原生应用持续上线，后续将存在较大的系统运维需求。

三　发展建议

（一）聚力开展共性技术创新

一是鼓励高校、科研院所联合产业链上下游厂商开展移动操作系统共性技术研发，打造移动操作系统公有技术底座，加快操作系统应用推广和生态建设。二是支持软硬件厂商组建创新联合体，推进软硬件协同发展，形成可推广的经验模式。三是强化标准规范建设，鼓励联合产业链上下游企业，推动完善通信协议、接口参数等行业标准。

（二）超前布局下一代操作系统

一是鼓励企业紧抓万物互联发展机遇，不断提升跨设备资源管理能力，更好地满足多场景设备互联互通。二是着力部署 AI 能力，提供更具智慧、流畅和安全的产品性能，以满足用户的个性化需求。三是鼓励高校围绕下一代操作系统基础理论、基本架构、技术演进等开设专题课程，充分发挥高校基础研究主力军和科技创新策源地作用。

（三）用足用好开源发展模式

一是支持企业发布移动操作系统开源社区版本，吸纳全球开发者贡献力量，为技术创新提供人才保障和活力源泉。二是统筹发挥开闭源优势，以开源为牵引推动技术创新，依托闭源商业化模式反哺开源发展，共同促进产品迭代和生态繁荣。三是组织开源社区论坛等相关活动，加大宣传推广，不断扩大社区影响力，鼓励产业链上下游企业参与生态建设。

参考文献

王晓冬：《关于加强我国基础软件创新的若干思考》，《中国信息化》2024 年第 1 期。

孙永剑：《国产操作系统生态步入爆发期》，《中华工商时报》2024 年 1 月 24 日。

张琪玮：《鸿蒙进阶》，《中国电子报》2024 年 1 月 30 日。

B.4
国产车用操作系统开源路径研究

李郁佳　余宇舟　程薇宸*

摘　要：　在全球新一轮科技革命与产业变革中，汽车产业已成为一个国家在软硬件科技实力比拼中最前沿的阵地，我国高度重视车用操作系统发展。《新能源汽车产业发展规划（2021～2035年）》明确提出"突破车规级芯片、车用操作系统、新型电子电气架构等关键技术和产品"，各省市也积极推动车用操作系统发展，纷纷在地方"十四五"规划中做出相应部署。但我国车用操作系统起步较晚，发展相对较慢，还存在标准体系不完善、底层技术难突破的问题亟待解决。

关键词：　车用操作系统　汽车产业　开源生态　基础软件

一　我国汽车操作系统发展现状

党中央、国务院高度重视车用操作系统发展。习近平总书记在中共中央政治局第三次集体学习时强调，要切实加强基础研究，夯实科

---

* 李郁佳，国家工业信息安全发展研究中心软件所工程师，主要从事软件产业政策、开源技术生态等方面研究；余宇舟，国家工业信息安全发展研究中心软件所工程师，主要从事软件产业生态、汽车技术应用等方面研究；程薇宸，国家工业信息安全发展研究中心软件所工程师，主要从事软件及新一代信息技术、软件开源生态、软件供应链安全等领域研究。

技自立自强根基，打好科技仪器设备、操作系统和基础软件国产化攻坚战。

（一）我国实现汽车操作系统局部突破

全球车用操作系统可以划分为车控操作系统、车载操作系统、自动驾驶操作系统共三种类型。随着整车操作系统迎来"大一统"的发展契机，我国抢抓换道超车发展机遇，整体呈现车载操作系统率先渗透、车控操作系统升级替代、自动驾驶操作系统蓄势爆发的发展态势。

1. 车控操作系统市场：我国仍处于起步阶段

一方面，欧洲在 20 世纪 90 年代提出开放式标准 OSEK/VDX[①]，我国 2009 年通过汽车开放系统架构，2013 年普华灵智发布 ORIENTAIS，2020 年华为发布车控操作系统 VOS。另一方面，车控操作系统仍以欧洲 OSEK/AUTOSAR 软件架构为通行标准。我国成立 AUTOSEMO 组织，发布基于 AUTOSAR[②] 标准的整车基础服务参考框架和技术规范。目前虽然具备基于 AUTOSAR 的安全车控操作系统的研发能力，但核心技术上仍存在短板，短时间内车控领域难以追平国外的水平。

2. 车载操作系统市场：我国有望利用大市场优势迎头赶上

一方面，QNX、Linux、Android 等占据 85% 以上的车载操作系统市场份额，国内车企多选择基于安卓二次开发，如小鹏 Xmart OS 和蔚来 NIO OS；互联网企业则在 Linux 上定制，如鸿蒙 HOS 和阿里

---

① 冯小天、陈香兰、李曦：《OSEK/VDX 标准的车载嵌入式操作系统内核的结构与设计方法》，《计算机应用与软件》2009 年第 9 期。

② 《汽车开放系统架构》，https：//baike.baidu.com/item/% E6% B1% BD% E8% BD%A6%E5%BC%80%E6%94%BE%E7%B3%BB%E7%BB%9F%E6%9E%B6 E6%9E%84/17038680？fr＝ge_ ala。

AliOS。阿里 AliOS 逐渐得到业界认可，在上汽、东风等多款车型上累计装车超 150 万辆。另一方面，2021 年我国车载操作系统的市场规模为 94.3 亿元①，预计 2025 年有望突破 395.3 亿元②，我国本土企业在应用生态资源获取等方面具有天然优势，有助于占领国内外市场。

3. 自动驾驶操作系统市场：国内企业具备"弯道超车"机会

一方面，国外厂商具备垄断优势，英特尔 Mobileye 公司占据智能驾驶视觉系统市场份额超 70%，剩余大部分市场也被英伟达、特斯拉等巨头瓜分。另一方面，虽然我国华为、黑芝麻、地平线等厂商起步晚，处于追赶阶段，但华为发布的自动驾驶操作系统（AOS），最高可实现 L4 级别的自动驾驶③；黑芝麻、寒武纪、芯驰科技等国内企业也发布搭载操作系统的自动驾驶计算平台，性能较为优越，如芯驰科技发布的 E3 系列 MCU 的主频提升到了 800MHz。

（二）国产汽车操作系统面临三大发展问题

当前，国外 Linux、Android、WinCE 三大底层操作系统占据了 88% 的市场，国产汽车操作系统产业链前端进展缓慢，与国外差距明显。④

1. 技术壁垒难跨越，源头和底层技术受制于人

一是关键核心技术受制于人。国内缺乏完全自主创新的汽车操作

① 中商产业研究院：《2023 年中国车载 OS 市场规模及重点企业预测分析》，https://www.askci.com/news/chanye/20221222/0947052069338.shtml。
② 《汽车智能芯片迎来爆发，自动驾驶+智能座舱双驱动》，https://mp.weixin.qq.com/s?__biz=MzI1MjkzMTcwOQ==&mid=2247056764&idx=6&sn=3a83375dc1f03577d8690b9e42280a3d&chksm=e9df01cedea888d814b9bc03427f0f55c7e1327d69410426244e8e973a3e66671136c3db2c16&scene=27。
③ 《全球首发！华为 ADS2.0 L4 级自动驾驶终于来了》，https://roll.sohu.com/a/669328678_121648866。
④ 《操作系统之争！鸿蒙 OS 与不同生态操作系统性能对比》，https://baijiahao.baidu.com/s?id=1780144983511160110&wfr=spider&for=pc。

系统内核，车企大多基于开源 Android、Linux 进行二次开发。二是我国操作系统研发人才匮乏。我国真正从事操作系统研究的人员不超过1万人。三是缺少一体化开发设计平台及工具。在自动驾驶操作系统领域，大多使用国外 Autosar Classic 和 Adaptive 平台，并且汽车操作系统工具链如 ETAS、EB、Vector 等被国外垄断。借助开源可以"汇众智、集合力"，汇聚产学研用多方力量进行技术攻关。

2. 标准架构难主导，面临路径依赖和生态锁定

一是操作系统应用类标准方面，不同车型的底层电子电气架构不统一、适配和应用推广困难。二是操作系统测试类标准方面，行业认证标准基本由欧美机构掌握，我国缺乏统一的评价标准体系和可操作的测试指南，与国外检测认证能力差距较大。通过开源的辐射效应和广泛应用可以指导行业形成"事实标准"。

3. 应用替代难破局，产业链各方话语权争夺激烈

一是国产汽车操作系统缺乏合适的市场环境。目前国产汽车操作系统安全性难以保证，整车厂和一级供应商普遍不愿为尝试国产操作系统而承担风险。二是行业发展步调不统一，厂商各自为政难以形成合力。三是操作系统与芯片厂商强绑定。例如，QNX 与高通存在"绑定销售"现象，国产操作系统替换难。借助开源可以增加产品透明度，提升用户信心，增加应用场景并降低试错成本。

二 开源在打好车用操作系统国产化攻坚战方面的价值和作用

开源作为一种新型生产方式，通过打破组织边界、创新组织形态，鼓励生产资料和生产工具开放共享，支持分布式协作和同行评议，优化价值创造和收益分配机制，整体提升技术创新、产业协作和

资源重组效率，是数字时代全球分工体系的主流模式，加速成为科技竞争的战略关键。

（一）开源驱动更高效的源头和底层关键技术创新

开源的创新逻辑是通过开源，以更高的效率汇聚更多志同道合的"创客"，参与到新技术的革新和孕育之中，以寻求实现技术突破。开源是技术追赶者打破垄断，实现后发赶超的有效创新模式。例如，谷歌安卓系统通过开源，反超诺基亚塞班系统、苹果 iOS 等闭源软件，市场占有率超过 80%。[1]

（二）开源是构建产业联动协同整体优势的共治道路

开源是一种新的路线，是共享经济模式在信息技术领域的体现，是构建产业技术生态的共治道路。其核心理念与 5G 通信技术发展模式相同，即全世界共同制定标准规范，各国企业根据标准规范自主实现产品，投入多、贡献大则主导权大。

（三）开源为基础软件规模应用和商业化创新提供新路径

从商业成功的角度看，成功的开源产品由供给侧和需求侧共同推动。企业需紧扣商业化和市场需求，并充分挖掘开源创造的价值，以企业和产品自身特性为基础，选择合适的商业化路径。目前有四类主流商业模式：云服务 SaaS、开放核心 Open-Core、支持服务 Support 和软件用户流量 Advertise。代表案例有云服务提供商 Databricks 和 mongoDB、商业解决方案提供商 Confluent、技术咨询服务提供商 Red Hat 和 MySQL、互联网企业谷歌。

---

[1] "iOS vs Android Quarterly Market Share"，https：//www.counterpointresearch.com/insights/global-smartphone-os-market-share/.

三　我国车用操作系统开源发展路径建议

（一）强化应用牵引，推动车用操作系统成熟好用"硬替代"

一是强化协同攻关，支持国内车企、ICT 领先企业、零部件厂商加快操作系统内核、中间件、工具链等技术和基础技术的研发。二是国家层面制定车用操作系统自主研发和上车的产业扶持政策，以"首台套""首版次"① 应用示范为突破口，加大应用补贴力度。三是适时开展国产车用操作系统应用示范工作，推动车联网先导区、试点区等先行先试，支持车企探索更加丰富的操作系统上车应用途径，推动国产操作系统迭代、升级、优化。

（二）深化标准引领，提升车用操作系统规则制定"话语权"

一是从跟随到引领，借鉴 AUTOSAR 等国际标准实践经验，提升国产车用操作系统关键功能、性能与安全水平，制定符合我国汽车行业发展特点和趋势的操作系统行业标准规范。二是构筑"芯片+操作系统"生态联盟，鼓励国产车用操作系统厂商与芯片企业"强强联合"，以自主系统开发与应用为核心，不断完善技术方案，扩大应用规模。三是借助传统动力总成向电动化转型给汽车电子电气架构带来的变革机遇，加快推进国产车用操作系统落地应用。

（三）优化资源配置，制胜车用操作系统发展"新赛道"

一是抓开源协作。推动操作系统内核等国产"根技术"开源，

---

① 工业和信息化部等八部门：《工业和信息化部等八部门关于加快传统制造业转型升级的指导意见》（工信部联规〔2023〕258 号），2023 年 12 月 28 日。

尽快突破源头和底层技术，打破国外技术垄断，加快成果转化和产学研用一体化运作。二是抓开源项目。建立以汽车操作系统为核心的开源社区，坚持协同创新、利益共享的开发模式，培育一批具有国际影响力的开源项目。三是抓开源应用。充分发挥我国本土开源基金会、开源社区等资源优势，借鉴现有开源操作系统经验，着力打造统一开放的汽车操作系统应用生态体系。

B.5
我国数据库产业发展现状及趋势

程薇宸 闻书韵 赵阳光*

摘　要： 数据库作为 IT 行业最重要的基础软件之一，是确保计算机系统稳定运行的基石，直接影响数字基础设施发展水平。随着全球新一轮科技革命和产业变革深入发展，数据库产业迎来群体突破、迭代升级和大规模应用的重大历史机遇期。近几年，在国家政策的大力支持下，我国数据库产业进入百花齐放、百家争鸣的时代，但仍存在核心技术原创性不足、产业力量布局分散、生态不健全等掣肘问题。加快提升国产数据库技术创新和产业供给能力，构筑以我为主的自主产业生态，对于保障供应链安全、实现高质量发展具有重要意义。

关键词： 数据库　技术创新　高质量发展

一　数据库概念及分类

数据库（Database）是按照数据结构来组织、存储、管理，并

---

* 程薇宸，国家工业信息安全发展研究中心软件所工程师，主要从事软件及新一代信息技术、软件开源生态、软件供应链安全等领域研究；闻书韵，国家工业信息安全发展研究中心软件所工程师，主要从事基础软件、新一代信息技术等领域研究；赵阳光，国家工业信息安全发展研究中心软件所工程师，主要从事基础软件、新一代信息技术等领域研究。

且可共享的数据集合软件，是数据存取、管理和应用的核心工具，决定了 IT 运行处理数据的高效性，与操作系统、中间件并称为系统软件的"三驾马车"，对我国信息产业及国家网络安全至关重要。

按照不同的维度，数据库有不同划分。从数据模型方式看，可分为关系型数据库和非关系型数据库，前者采用了关系模型来组织数据，是按照二维数据表格的方式存储数据，代表产品如 Oracle、MySQL、SQL Sever、PostgreSQL 以及 DB2 等；后者泛指除关系型以外的数据库，是对关系型数据库的一种补充，包括键值存储数据库（Kay-value）、列存储数据库、文档数据库、图形数据库、时序数据库等。从系统架构看，可分为单机数据库、集中式数据库和分布式数据库。单机数据库是指数据库软件部署于单台服务器上；集中式数据库是指采用集中式架构，将数据存储在大型主机或小型机上进行集中管理；分布式数据库是分布在计算机网络上，逻辑上相互关联的数据库。从业务负载特征看，可分为交易型数据库（OLTP）、分析型数据库（OLAP）、混合事务分析处理型数据库（HTAP）。交易型数据库满足处理在线实时交易事务场景；分析型数据库满足数据分析场景业务；混合事务分析处理型数据库同时满足交易场景和分析场景。此外，从部署方式看，又可分为本地化部署和云部署。

不同分类维度之间，可以互有交叉。一个数据库产品可同时是"关系型—分析型—分布式"，如 Greenplum 数据库、DMMPP 数据库等。同一个分类维度之间也不是"非黑即白"，存在"跨界"产品。如混合事务分析处理数据库同时具备交易型数据库和分析型数据库的能力，多类型数据库可同时管理关系型、键值型、文档型等模型的数据库。

二 我国数据库产业发展现状

（一）技术持续升级，产业正在形成正面竞争能力

我国数据库产业借助云原生、分布式等技术趋势加速追赶，正在形成正面竞争能力，进入服务市场乃至引领创新的全新阶段。一是传统集中式数据库差距拉小，分布式领域占据主动权。在传统集中式赛道，国内数据库产品相比甲骨文（Oracle）、IBM 等数据库产品，技术积累时间较短，近年来国内数据库厂商加速追赶，实现了共享存储集群、行列融合存储等核心技术突破，差距逐步缩小。在分布式赛道，相较于集中式数据库的差距，我国分布式数据库产品与海外产品在性能、生态方面基本持平，能够支持多源、异构的数据处理需求，实现规模化应用。市场研究机构沙利文《2021 年中国分布式数据库市场报告》显示，我国分布式数据库相关的专利申请量从 2012 年的全球占比 22%，到 2021 年已经攀升到 76%①，我国已成为全球分布式数据库的技术创新中心。二是新兴技术渗透融合，新赛道竞争激烈。随着人工智能、云计算、隐私计算、新型硬件等新一代信息技术的渗透融合，以及数字经济、数字化转型等浪潮释放出的场景需求，数据库演进的新方向不断涌现。多模融合、湖仓一体等新兴领域相继取得突破，成为众多厂商研发的重点以及用户部署的新方向。

（二）多种技术路线并行演进，自主创新水平有所提升

追溯国内主要数据库产品的技术来源，国产数据库可以分为独立

---

① 《〈2021 年中国数据库市场报告〉：中国分布式数据库 2021 专利占全球 76%》，https：//baijiahao.baidu.com/s？id=1732412452502027034&wfr=spider&for=pc。

自研型、基于开源代码的重构型、基于开源代码的二次开发型等技术路线。一是独立自研路线，该类数据库产品发展之初采取纯自研开发方式，不采用开源代码，企业具备内核级代码能力，可保证技术独立演进，不受全球供应链风险威胁。二是基于开源代码的重构路线，该类数据库产品最初发展来源于开源项目，但通过不断消化吸收，包括重写核心模块、增加新特性等，已脱离其上游开源数据库及国际协议，形成了自己的"根技术"，建立起具有一定影响力的数据库技术"根社区"，能够实现独立演进发展。三是基于开源代码的二次开发路线，该类产品主要分支于开源数据库或购买商业授权，通过二次开发成为闭源或开源产品，但其技术发展仍依赖于或受限于上游产品。此类产品占据超半数比例，存在较大的安全风险。

（三）企业主体不断涌现，产业技术生态逐步成型

一是国产数据库厂商迎来黄金发展期。随着我国不断出台支持国产化的一系列政策，国产数据库产业加速发展，产业主体数量已超200家[①]，其中包括达梦、人大金仓、神舟通用、南大通用等传统数据库厂商，阿里云、腾讯云等云数据库厂商，巨杉、平凯星辰等初创数据库厂商，浪潮、华为、中兴等跨界数据库厂商等。数据库产品的形态和边界在不断变化，形成专业化的细分领域和不同的数据库类型，如图数据库、文档数据库、时序数据库、全密态数据库等，以适应持续迭代的硬件环境和不断变化的用户需求。二是依托开源模式逐步培育扎根国内的根技术社区和生态，如华为 OpenGauss 产品通过开源内核，将自身核心能力与合作伙伴共享，从而建立原发于我国的数据库自主生态圈。基于 OpenGauss 开源项目，国内已衍生出多款数据

---

① 《分布式国产数据库迎来阶段性发展机遇，有望成为数字经济有力驱动》，https：//baijiahao. baidu. com/s？id=1765311860297272569&wfr=spider&for=pc。

库产品，如海量 VastBase、云和恩墨 MogDB 等，带动国内数据库产业协同发展。

（四）应用规模不断扩大，重点行业核心应用仍待攻克

一是国产数据库产品在我国市场的整体应用占比持续扩大，但国外产品垄断地位尚难动摇。据 IDC 相关报告数据，2022 年中国关系型数据库软件市场规模达到 34.3 亿美元[①]，其中，国产企业和产品的市场占比正不断提升。据 Gartner 预测，到 2025 年，中国交易型数据库市场海外厂商市场只会剩下约 50%，分析型数据库市场来自海外厂商的将只剩下 30%。[②] 但是当前，国外企业产品仍然占据市场主导地位，超半数的数据库市场仍被 Oracle、MySQL 等产品占据。二是国产数据库应用场景不断扩宽，高端市场成为发展重点。国产数据库在党政、金融、电信等关键基础行业均有特色性突破，应用场景和行业应用规模不断扩大，产品在应用场景中不断打磨，数据库产品正在从可用向好用迈进。但是，行业高端复杂业务场景对于我国自研数据库开放仍然不足。国外技术产品已经深入渗透到千行百业，限制我国数据库技术迭代升级。我国数据库产业尚未形成技术优化迭代的正循环，亟待打破高端市场被国外垄断的局面。

三　存在的问题

（一）核心技术尚难自主，创新迭代面临"天花板"

一是底层技术仍存空白。国外牢牢掌控数据库基础理论、底层架

---

① 《IDC：中国关系型数据库市场 2027 年将达 102.7 亿美元》，https://www.fromgeek.com/telecom/577303.html。

② 《产业 | 2023，国产数据库迁移潮》，https://new.qq.com/rain/a/20230615A09IPW00。

构、关键核心技术和标准，Oracle、微软、IBM 等厂商已建立深厚技术壁垒，主导全球数据库技术体系和发展路径，国产数据库尚未突破SQL 引擎、存储引擎等核心技术"卡"点，尤其是缺乏原创性、颠覆性的基础理论创新。二是产品功能性能尚有差距。相较于国外标杆产品，国产数据库在实际应用中仍存在功能不完善问题，行业通用性、跨平台兼容性、安全性仍须进一步优化。

（二）应用推广壁垒高筑，核心场景应用不敢"试水"

一是应用迁移难度大。Oracle 等国外厂商在兼容性、标准接口、语义语法等方面设置排他性的"技术门槛"，跨厂商应用迁移难度大、成本高，国内仍然缺乏支持异构数据库之间数据平滑迁移的成型工具产品。二是高端场景应用难破局。金融、电信领域核心业务系统对数据库一致性和可靠性要求极高，试错成本较大，制约了国产数据库产品在应用中快速走向成熟。

（三）产业力量布局分散，"生态烟囱"问题挑战突出

一是企业"小而散"，研发投入"力有不逮"。国产数据库实现赶超跨越发展，需要大量的资金、人才投入。目前我国数据库企业"散、小、弱"现象明显，大大小小的数据库厂商超过 200 家，企业研发投入与国外龙头企业呈现量级差距，远远不能满足产业发展需要。二是生态"烟囱化"，产业发展聚力难。我国数据库厂商技术路线繁多，产业呈碎片化发展，没有形成集聚发展效益。

（四）国内标准建设滞后，产业链配套不足、衔接不畅

一是产业发展缺乏标准支撑。国内数据库厂商、应用开发商通常只能被动匹配 Oracle 生态标准，在功能性能、兼容适配、测试评估等方面缺乏自主、权威的尺度标准，尚未建立规范化的测试流程和服务

体系，导致各数据库厂商无序竞争，产业链上下游"信息不对称"问题突出，客户也无法根据统一指标测评结果采购选型产品。二是公共适配和测试资源匮乏。国产数据库与芯片、操作系统、应用软件、网络设备等国产软硬件须兼容适配、一体推进。

（五）专业研发人才短缺，量质提升仍须久久为功

一是内核研发人才缺口大。国内从事数据库底层核心设计与研发的高端人才极为匮乏，懂技术、懂架构、懂管理的数据库产品经理数量也相对不足，产业发展人才支撑能力亟待提升。二是人才待遇难以保证。数据库研发周期长、回报慢，核心人才频遭互联网等其他行业"挖墙脚"，逐渐丧失"坐冷板凳"信心，人才流失现象严重，国产数据库发展面临"人才空心化"隐忧。三是人才教育和培养模式落后。高校作为数据库人才培养的第一阵地，在课程教学上存在理论课程内容依赖国外或开源数据库、教学案例与生动的应用实际脱节、缺少基于国产数据库的操作实践学习等痛点，传统人才培养理念和举措满足不了企业对数据库内核研发人才的需求，产教融合成为我国数据库人才培养模式的创新和必经之路。

四　下一步工作建议

（一）加强供需结对攻关，提升高端自给能力

一是加强关键核心技术攻关。聚焦产业链技术薄弱环节，开展核心技术攻关，强化原始创新能力；加强云原生数据库、图数据库、文档数据库等新型数据库研发布局，抢占未来发展制高点。二是加强供需结对协同攻关。围绕关键行业典型场景需求，建立行业内骨干用户单位与优势数据库企业结对攻关的合作机制，不

断提高产品稳定性、可靠性、安全性，加快从"可用"到"好用"转变。

（二）健全测评标准体系，做好产业规范引导

一是研究建立测评规范。发挥第三方专业机构作用，联合开源社区、产业联盟、标准组织等，开展数据库软件的自主性、成熟度、兼容及迁移能力、安全性、智能化等评测准则研究，探索建设国产化测评体系，促进数据库产业规范发展和产业升级。二是选树示范标杆。联合相关行业主管部门，围绕国产数据库产品，组织开展国产化应用测试评价，遴选一批高可靠、高性能、高安全、高智能的示范性产品，探索建立评价认证机制，引导国产数据库厂商走高水平自立自强的技术发展道路。

（三）创新人才培养模式，壮大"高精尖缺"人才队伍

一是推进产教融合人才培养。积极探索企业和高校联合培养新模式，探索建立数据库实训基地，注重高校人才基础开发能力和实操能力的培养，培育建立数据库人才梯队。企业应根据自身发展需求，制定人才培养机制。二是加强国产数据库技术的宣传推广。注重国产数据库技术培训教材的编制，让国产数据库"进校园""进课堂""进实训"。同时，建立完善职业再教育培训机制，进一步促进数据库产业人才增长。三是健全人才激励机制。对到国产数据库企业就业的应届毕业生给予住房补贴、人才补贴等，提高研发人才福利待遇，做好数据库人才的持续有效供给。

B.6
新一代信息技术开辟基础软件跨越发展新路径

许智鑫　闻书韵　李郁佳*

摘　要： 目前，全球基础软件发展迅速，全球市场规模不断扩大。随着人工智能、云计算、大数据等新兴技术的兴起，众多厂商开始崭露头角，全球基础软件产业格局逐渐发生变化，操作系统、数据库、办公软件、中间件呈现移动化、云化、智能化的显著趋势。新一代信息技术的赋能为基础软件技术变革和产业升级开辟发展新路径。

关键词： 基础软件　新一代信息技术　云化　智能化

一　全球基础软件产业融合创新发展趋势

（一）操作系统

在目前全球操作系统市场中，微软的"Wintel"与谷歌的"Android+ARM"模式已形成全球操作系统领域的TOP2格局，呈现

---

* 许智鑫，博士，国家工业信息安全发展研究中心软件所工程师，主要从事新一代信息技术、人工智能大模型生态等领域研究；闻书韵，国家工业信息安全发展研究中心软件所工程师，主要从事基础软件、新一代信息技术等领域研究；李郁佳，国家工业信息安全发展研究中心软件所工程师，主要从事软件产业政策、开源技术生态等方面研究。

寡头垄断态势。但随着新兴技术的推广应用，PC端操作系统竞争格局正在发生变化，移动操作系统、云操作系统正成为未来发展趋势。

随着容器技术发展，操作系统"上云"趋势明显。容器技术的出现促进了云计算的普及和发展，越来越多的企业使用容器技术，并对现有的云应用进行现代化。微软推出的 Azure 云平台在全球范围内广泛应用，苹果公司也积极引入人工智能、云计算等新技术，优化整个操作系统生态，推动移动设备和桌面设备之间的协同工作。

移动终端市场快速增长，开源操作系统开始发力。随着5G技术成熟，市场对移动终端需求持续走强，但寡头操作系统企业市场份额呈波动下降态势，一方面受到苹果等企业冲击，另一方面中国、韩国、德国、瑞士、巴西、荷兰等国家均已提出开源国产系统的发展计划。为了防范服务断供、信息安全等风险，谷歌等也推出了开源操作系统，目前依托开源生态和政策东风，我国已涌现出一大批以 Linux 为主要架构的国产操作系统，对原有操作系统市场格局产生影响。

（二）数据库

随着人工智能、大数据技术兴起，用户需求逐渐多元化，随着分布式、云计算技术等技术的兴起，非关系型数据库、云数据库、图数据库、时序数据库正成为新的发展趋势。

数据库厂商转变研发重点，分布式、云原生等代表性技术正成为各产品发展主流。目前数据库厂商对产品研发的重点落在智能化、新硬件、数据流转等方向；云厂商在构建新一代云原生、Serverless 等方向发力；新兴厂商则在某些垂直领域，如 HTAP、NoSQL、高兼容等方向着手，寻找差异化竞争路线。云数据库成为新的竞争力焦点，推动云服务提供商占据数据库市场。近年来，托管云服务（dbPaaS）的收入不断走高，占整体数据库管理系统（DBMS）收入的约一半，云服务提供商由此受益，Microsoft、AWS 等在数据库市场的地位上升，超过 Oracle、IBM 等传统厂商。[①]

（三）办公软件等其他基础软件

各大办公软件厂商积极探索智能化道路。随着人工智能、区块链等新兴技术的兴起，以及用户对安全、稳定和高效的需求，办公软件厂商逐渐聚焦办公软件智能化发展，办公软件巨头微软和 Google 也开始布局云端协同办公，国内 WPS 公司积极践行"多屏+云+内容+AI+协作"战略，正从传统办公软件向办公协作平台、SaaS 厂商持续转型。

中间件"云化""中台化"将成未来趋势。IBM 积极推进中间件技术创新和应用，其发布的 WebSphere Application Server V9 充分发挥了容器技术优势；Oracle 推出了 Oracle Fusion middleware，为云原生应用开发和部署提供桥接技术。近年来，我国互联网企业"借云入局"，阿里、腾讯等加大中间件投入，用于支撑自身业务并夯实自身云服务能力，众多中间件产品得到了业界广泛应用。

开发测试工具加速向自动化、智能化演进。开发测试工具是所有软件开发过程中必不可少的工具软件，包括开发工具、单元测试工具、性能测试工具、接口测试工具和测试管理工具等类别。得益于AI 等新兴技术发展，开发测试工具的自动化、智能化程度越来越高。

二　新一代信息技术开辟基础软件
"换道超车"新路径

智能化时代对软件产业发展提出了产业升级换代的新要求，从基

---

① 《Gartner 全球云数据库魔力象限，国内阿里云、OceanBase、腾讯云等上榜!》，https：//mp. weixin. qq. com/s/OmRXH1wI4mY5yiHifaKMRQ。

础、平台、算法到应用都将面临一场全面的革新。泛在操作系统助力基础软件向融合互操作方向发展，云计算打造基础软件规模化推广的商业平台，大数据筑牢基础软件数据基座，我国基础软件实现"换道超车"的机会蕴含其中。

（一）泛在操作系统引领基础软件跨越式发展

随着移动互联网、物联网、大数据等新一代信息技术的全面发展，人类社会、信息空间、物理世界深度融合的泛在计算时代正在开启。面向泛在化计算资源管理，支持泛在应用开发运行，具有泛在感知、泛在互联、轻量计算、轻量认知、反馈控制、自然交互等新特征的泛在操作系统发展前景广阔，融合互操作成为未来操作系统发展的重要方向，也为基础软件创新发展开辟出新蓝海。[①]

泛在操作系统是抢占万物互联竞争优势的突破口。在万物互联背景下，谷歌、微软、苹果等国际龙头企业纷纷布局下一代操作系统，先后推出 Fuchsia OS、Windows 11 操作系统、HomeOS 等产品。国内阿里巴巴推出以驱动万物智能为目标的移动操作系统 AliOS，华为公司发布了面向全场景、全连接的智能终端操作系统鸿蒙 OS 等，这些均可归为针对泛在计算场景的操作系统。下一步，面向人机物融合泛在计算场景，"大一统"的通用操作系统将不再存在，而是会出现领域或应用场景定制的多样性的泛在操作系统，呈现多个操作系统生态共存的多元化格局，这为操作系统的基础研究及新型操作系统的研发带来了难得的历史性机遇。

车联网和物联网为泛在操作系统落地应用提供广阔空间。伴随5G、NB-IoT 等广域物联网技术的成熟，物联网市场呈现井喷式发展，

---

① 宋婧：《中国科学院院士梅宏：融合互操作是泛在操作系统重要发展方向》，《中国电子报》2022 年 12 月 30 日。

预计到 2025 年，全球物联网设备连接数将达到 251 亿个，为泛在物联网操作系统提供了巨大的落地空间，硬件趋同、软件定义、数据驱动或将成为下一代物联网操作系统发展趋势。[①] 与此同时，智能网联汽车产业的井喷式发展为新型车用泛在操作系统的研发应用带来机遇，智能汽车操作系统将逐步从车载 OS、自动驾驶 OS 和安全 OS 融合为自动驾驶操作系统，并引入云端孪生操作系统，最终形成兼容、统一、弹性、可拓展的泛在智能网联汽车操作系统。

（二）云计算构筑基础软件规模化应用平台

云计算优化软件架构和部署方式、实现面向服务和应用设计、降低软件开发门槛，大大提升了基础软件的安全性、灵活性和可复用性。基础软件产品较难通过提高性能来拓展市场，而云计算恰好提供新的利润增长点。微软 IBM 等跨国公司正在全球布点，构建为全社会提供公共信息服务的云服务系统。

实现面向服务和应用设计，提升软件设计灵活性与可复用性。云计算将基础软件分成各个功能，进而实现基于功能构建软件轮廓，云计算使软件过程进一步抽象化，促使软件设计面向应用开发。一方面，功能模块化可提升软件过程的动态性，既可以基于不同应用场景使用不同软件功能模块，又可以通过调整对应云模块更新软件程序功能。另一方面，每个功能作为各个模块可以为别的软件所利用，提高了软件的可复用性。

以点带面锻造基础软件长板，以云原生推动软件开发模式重塑创新。云原生作为云计算时代诞生的技术内核，已成为企业加速数字化转型、实现高效技术创新的最佳技术支撑。我国云服务商在云原生的

---

① 《未来的一角：〈泛在操作系统实践与展望研究报告〉重磅发布》，https：//mp. weixin. qq. com/s/0KH6kjWuGoVKmQ7_ UYtnHQ。

核心赛道中占据了重要地位，技术实力跻身世界前列。云原生作为一种全新的技术体系，为软件产业发展带来新一轮技术变革，我国软件产业发展可以借助云原生领域具备的系统化技术能力，将软件从传统的上下游生态兼容适配中解放出来，实现对原有软件产业链的整合和重塑。

（三）大数据筑牢基础软件数据基座

大数据超过传统数据库系统处理能力，其数据容量大、数据传输速率要求高，数据结构难以适应传统数据库，对数据存储等基础软件创新升级提出新挑战。非关系型架构模式、高可伸缩管理模式、多样化融合创新模式、可拓展可互联模式等新型数据库发展趋势，或将开辟突破传统数据库桎梏的有效路径。

非结构化数据处理瓶颈凸显，数据库模式向非关系型发展。大数据时代，数据处理的类型由结构化数据向非结构化数据转变，从而带来了非关系型、非结构化数据库的兴起。传统数据库主要任务是处理以结构化为主的数据类型，以 Excel 等表格结构为代表的关系型数据具备标准的数据格式与长度规范。与之相比较，大量办公文档、XML、HTML、图片和音频、视频信息等非结构化数据涌现，关系型数据库在非结构化数据的处理分析和读写性能方面的瓶颈逐渐凸显，而非关系型数据库针对不同场景选择相应的数据存储模型，更好地满足了多种类型数据的处理需求。

数据管理持续融合创新，数据库向高可伸缩发展，为解决大数据孤岛问题开辟新路径。大数据在不同应用场景采用不同数据技术，打破"信息孤岛"已成为大数据发展的迫切需求，成为制约大数据价值链上下游的"卡脖子"技术，将数据融合才是大数据的真正价值所在，不同数据管理技术融合创新将成为一种趋势，这既包括数据层面的融合，也包括操作层面的融合。内存数据库和分布式数据库可能成为未来传统数据库外部形态表现主体。一方面，随着内存容量的持续提升、性价比提高以及非易失内存成熟，绝大多数普通交易型数据库涉及的数据可以全部放在内存，内存数据库将成为传统数据库外部形态表现主体之一。另一方面，超大规模互联网应用和云计算环境对数据库高可伸缩的需求，将推动分布式数据库发展并使其成为未来传统数据库主体之一。

三 推动新一代信息技术和基础软件融合发展建议

（一）加强关键技术攻关

加强新兴技术领域虚拟化、容器、内核架构、资源调度等操作系统关键共性技术研究。建立软件企业与人工智能和云计算企业联合攻关平台，加快推进新兴技术和操作系统、数据库、中间件等基础软件联合攻关与应用适配。鼓励新一代信息技术和工业软件融合创新，支持软件企业和新兴技术企业参与开源社区开展核心技术研发，打破市场壁垒，大力支持国内开源社区积极参与融入国际成熟开源社区。

（二）推动创新生态建设

一是夯实技术创新基础。系统布局先进算法，增强软件创新发展科研储备能力；建设一批行业算法库、模型库和工具库，加快行业数据资源汇聚、开放和共享。布局软件产业国家制造业创新中心、工程研究中心和重点实验室，推动行业企业与软件企业合作组建创新联合体，构建布局合理、协同联动的产业创新网络。二是加快软件研发模式创新。面向软件开发运维一体化需求，创新软件开发模式，推广普及软件开发云和智能化开发工具，提高软件行业劳动生产效率和全生命周期创新能力；创新软件运营和服务模式，实现软件交付、服务、更新的一体化。三是完善创新体制机制。整合利用各类研发创新平台，引导建立创新前后端有效对接、创新资源集约利用、创新成果高效转化、创新活力充分释放、风险共担、利益共享的创新机制。

（三）优化人才培养体系

促进产教深度融合。鼓励高校设置大数据、云计算、人工智能等前沿领域专业，开发数字课程资源，创新教学方式，提升人才培养的质量和效率，畅通引企入教双向对接通道，鼓励软件企业与高校院所联合创办软件学院和实训基地。加强高端人才引培。积极探索与国际规则接轨的高层次人才服务新机制，完善人才评价激励机制，吸引海外优秀人才回国创业。

开 源 篇

B.7

高水平建设我国开源体系路径研究

程薇宸　王璞　陈榕*

摘　要: 开源凭借集众智、采众长的特性，不断加速产业迭代升级，促进产用协同创新，已成为全球软件技术和产业创新的主导模式。随着新一轮科技革命和产业革命的浪潮席卷而来，开源作为数字公共基础设施的重要供给方式，正重塑全球科技竞争格局。为应对复杂多变的国际政治局势，我国需立足新发展阶段理念，以完善体系布局、夯实技术根基、集蓄产业资源、繁荣自主生态为根本，加快开源体系自立自强，提升我国产业链供应链韧性和安全水平。

---

* 程薇宸，国家工业信息安全发展研究中心软件所工程师，主要从事软件及新一代信息技术、软件开源生态、软件供应链安全等领域研究；王璞，国家工业信息安全发展研究中心软件所工程师，主要从事开源产业政策、开源法律、基础软件等领域研究；陈榕，国家工业信息安全发展研究中心软件所助理工程师，主要从事开源、基础软件、新一代信息技术等领域研究。

关键词： 开源体系　开源软件　软件供应链风险

当今世界，促进技术共享、产业融合、组织协同、文化互益、社会公平，已成为数字经济时代贯彻新发展理念的必然要求。开源是集众智、采众长、促创新的新型生产方式，正加速向经济社会全域拓展。近年来，西方发达国家将开源技术提升至国家战略的核心地位，着力发挥开源对于科技创新和产业发展的"加速器"作用，以"虹吸效应"收割全球智慧，锁定技术领先优势；另外，试图将开源概念引入政治领域，将其作为工具或武器，此举无疑对我国产业的健康发展构成了挑战，值得我们深思和警惕。我国作为全球开源主要"贡献国"和"消费国"，长期将"自己庄稼种在别人田里"，技术产业迭代演进仍受到外部因素的制约，亟须加快提升自主创新能力。我国应抢抓开源发展机遇，集中优势、系统布局，尽快建立适应新发展格局要求的开源体系，提升我国话语权。

一　开源是抢抓数字经济新机遇、塑造国际竞争新优势的战略选择

（一）开源是关键核心技术的创新源泉

开源是新一轮科技革命和产业变革的重要标志，已经成为支撑关键基础软件开发迭代、引领新一代信息技术群体突破的主流创新模式，同时也延伸至开源硬件、开源产业互联网、开放数据等多领域。在软件领域，全球超 90% 的服务器操作系统以及 72% 以上的移动操作系统均基于开源的 Linux 内核构建，而开源数据库 MySQL 更是占

据了全球市场超过 40% 的份额①，展现出强大的竞争力。在硬件领域，机器人、无人机、智能家居控制、3D 打印等产品大多以开源硬件 Arduino 为原型或基础进行研发。开源正在成为我国孕育基础性颠覆性技术创新、发展自立自强技术产业体系的重要基石。

（二）开源是构筑现代产业体系优势的关键抓手

随着现代产业竞争从单一产品的竞争上升到生态系统的竞争，开源有利于形成新技术、新产品、新业态快速孵化、规模扩散、持续迭代的创新生态，加速构建产业协同联动整体优势，成为下一代产业竞争的制胜关键。开源软件日益主导新技术应用生态，在移动操作系统领域，谷歌依托开源构建数百万开发者参与的庞大安卓应用生态，实现对诺基亚塞班等闭源软件的反超，全球市场份额超过 80%②。电动汽车开源也在成为趋势，如特斯拉于 2014 年开放近千项重要技术专利，吸引产业链上下游制造商共同参与产品研发，六年间全球销量增长近十倍，一跃成为全球电动汽车标准制定者和市场领导者。

（三）开源是赋能经济高质量发展的重要路径

开源是数字经济深入发展的重要特征，已成为数字经济主流的开发和创新模式。数字产业化方面，开源对全球创新资源实现广泛链接、高效匹配和动态优化，支撑了 90% 以上的数字产品和服务创新③，锻造数字技术产业核心竞争力。产业数字化方面，开源促进跨

---

① 《全球的开源操作系统：Linux 推动全球发展的开源操作系统》，https：//www. idc. net/help/71192/。

② 《安卓份额 81%，IOS 份额 18%，鸿蒙仅 2%，外媒：2027 年鸿蒙将不存在》，https：//www. 163. com/dy/article/I1B0MDBM0552GI5O. html。

③ 《开源已成为数字经济领域的核心动力》，http：//www. chinasei. com. cn/dtxw/ 202010/t20201020_ 36239. html。

行业、跨领域的数字技术使用、数据全面循环和流通，延伸拓宽产业链，形成更多新的增长点，为经济高质量发展开辟新空间。据欧盟测算发现，开源软件对欧盟经济贡献巨大，开源贡献者数量每增加10%，年度 GDP 将提高 0.6%，约 950 亿欧元[①]。

（四）开源是把握国际竞争主动权的必然选择

在全球开源生态中，美国处于绝对领先地位，拥有 Linux、阿帕奇、开放基础设施基金会等一流开源基金会，美国开源托管平台 GitHub 托管了全世界 3.5 亿个开源项目[②]，约 93%的开源许可证协议（开源法律）由美国制定[③]，美国主导的协议已成为全球开源项目的"基本法"。我国利用大国大市场优势和工程师红利，全面融入全球开源生态，成为最重要的开源"贡献国"和"消费国"。我国贡献的开源代码在全球比重超过 40%，GitHub 平台上中国开发者数量常居全球第二、增速全球第一。面对风高浪急的国际环境和全球产业链重构重塑挑战，我们要以开源为纽带，促进全球创新链产业链缠绕交融、互利共赢，在开放环境中持续提升自主创新能力，在战略关键领域逐步做到引领、成为主流。

二 美西方国家开源发展的历史经验

美欧国家精准把握软件产业技术体系和产业发展规律，通过不断地探索和实践，在开源生态建设方面积累了丰富的经验，基本形成了

---

① 《中国发展开源产业迫在眉睫》，https：//baijiahao. baidu. com/s？ id = 169085063 1908424555&wfr = spider&for = pc。

② 《GitHub 2023 年度报告》，https：//octoverse. GitHub. com。

③ 隆云滔、王晓明、顾荣、包云岗：《国际开源发展经验及其对我国开源创新体系建设的启示》，《中国科学院院刊》2021 年第 12 期。

开源软件技术革新、规模应用、商业发展、规则制定、生态控制、安全体系的协同联动。

（一）营造竞争环境，促进引领性开源技术"长出来"

美国将支持开源软件发展作为实施反垄断基本战略的重要举措。开源软件的前身——Unix 系统的诞生，就是美国政府通过"有形之手"限制电信巨头 AT&T 公司利用技术垄断地位"赢者通吃"，限制创新自由，推动开源创新的种子传播到大学、研究机构等适宜土壤，为孕育 Linux、自由软件基金会等开源软件运动果实创造条件。大型科技企业在政府反垄断政策压力下，纷纷改变全线作战、跑马圈地的竞争策略，通过押注开源生态掌握核心技术，在市场竞争中掌握主动权。如 IBM 通过推动 Linux 开源社区，打破 Windows 的垄断优势，将产业价值转移到其擅长的硬件服务器领域。

（二）注重规则先行，占据开源话语体系"制高点"

美国开源基金会、开源社区、开源组织等非常注重掌控开源规则和标准话语权，占据开源舆论阵地制高点。例如，自由软件基金会通过 GPL 协议、GNU 宣言等表达捍卫软件创新自由的立场和态度，通过建立法律机制保障自由软件权益，迅速赢得反对专有软件的极客群体的拥护；开源软件促进会（OSI）通过发表《开源软件的定义》、注册 OSI 认证商标等方式，成为开源许可证的权威认定机构，奠定美国在开源规则制定的绝对主导地位；Linux 社区在发展壮大过程中也总结出《大教堂与集市》、Linus 法则等理论成果并获得广泛传播。

（三）瞄准规模应用，聚政企合力助推开源"用起来"

美欧等发达国家高度重视开源技术的产业应用和市场化发展，众多优质开源项目广泛应用和商业闭环的背后，是政府部门、龙头企业、基金会、社会资本、科研机构的大力推动。政府层面，2016年，美国《联邦源代码政策》要求公共财政资助研发的软件成果的20%源代码开源3年以上；欧盟《开源软件战略（2020~2023年）》鼓励成员国开展源代码共享，推动开源软件使用。企业层面，在IBM、甲骨文、谷歌、亚马逊、德国SAP公司等龙头企业支持下，Linux系统在互联网的使用量高达95%，被超过75%的云计算应用企业使用。① 基金会层面，Linux基金会旗下的孵化项目已累计为175个国家的1.2万余家机构赋能，覆盖软件与信息技术、金融、健康医疗、制造业等多领域。基础科研层面，美国航空航天局（NASA）开源超过1072款软件和设计工具，明星项目OpenStack也是由NASA孵化培育的。

（四）掌控关键平台，构筑全球开源资源"引力场"

美国凭借通用软件策源优势长期占据生态高位，形成吸引全球的市场，通过掌控开源基金会、代码托管平台等关键开源平台，在全球范围内汇聚大量优质开源资源。一是掌控通用技术"事实标准"。国际上高原创性、低可替代性的通用软件技术大多原发于美国，Linux基金会运营着传统操作系统内核技术Kernel，同时围绕人工智能（AI）、物联网（IoT）、边缘计算等前沿技术领域持续孵化尖端项目，设立NextArch子基金会，超前布局异构基础设施和多云场景下的下一代技术架构，力求在无尽前沿成为引领创新的重要指征。二是掌控生态资源"枢纽节点"。美国依托主流基金会强化面向业务领域和垂直行业业务场景的Umbrella大伞项目，实现全球碎片化开源项目的整合，深刻影响科技产业技术走向。三是掌控开源人才"人心所向"。美国依托强有力的代码托管平台形成了规模优势，汇集全球优

---

① 根据公开数据整理。

质开源项目和开源贡献者，调研显示，全球开发者自发创建的开源项目 90% 会选择 GitHub 平台。此外，美国通过优厚的移民政策和科研待遇吸引全球顶级英才纷纷扎根美国，例如 Linux 系统总设计师林纳斯·托瓦兹移民美国工作，Linux 全球技术协作网络的中心也由欧洲转向美国。

（五）体系布局安全，谋求开源战略安全"优势位"

美国前瞻布局开源安全体系建设，基本形成联邦政府组织动员、专业基金会（OpenSSF）主导推进、科技巨头联动响应的开源安全工作格局，并注重掌控开源软件漏洞等资源形成开源安全战略能力。一是国家层面对软件安全提出要求。2021 年 5 月，美国《关于改善国家网络安全的行政命令》明确规定，联邦政府将加强软件供应链安全管控，符合特定联邦安全指南的公司才能向联邦政府出售产品，建议供应商使用"软件物料清单"（SBOM），通过特定软件组件清单化，提升软件安防能力。二是企业积极参与开源安全治理。2022 年 1 月 Apache Log4j 漏洞席卷全球后，白宫举办开源软件安全峰会，聚集谷歌、RedHat、GitHub 等科技巨头，共商开源安全相关问题及应对策略。三是基金会主导构建开源安全治理体系。2022 年 5 月，Linux 基金会与开源安全基金会（OpenSSF）召开第二次开源软件安全峰会，计划投入 1.5 亿美元到"安全教育、风险评估、数位签章、记忆体安全、资安应变、强化扫描能力、软件物料清单（SBOM）、供应链改善"等领域，形成开源战略安全能力的撒手锏。

三　机遇与危机并存，加快我国开源体系建设刻不容缓

当前，新一轮科技革命和产业变革加速演进，网络信息技术进入

代际变革"临界点",产业竞争格局面临深刻调整,开源顺应数字经济时代"软件基础设施化"大趋势,已成为全球主流创新模式。全球97%的软件开发者和99%的企业使用开源软件,70%以上的新立项软件项目采用开源模式。① 我国软件产业要做大做强,数字经济要健康发展,就必须到世界开源大潮中去搏击,就必须在全球开源体系中占得一席之地。我国开源发展正在从"全面参与融入国际"逐步向"自主生态蓄势引领"过渡,既面临换道超车的历史机遇,又面临差距拉大的严峻挑战。

(一)我国开源发展具备诸多战略性有利条件

一方面,本土开源生态平稳起步。历经 20 年发展,本土开源生态在基础设施、产业供给、市场需求、国际影响方面多点突破。生态基础方面,开源基金会、开源代码托管平台、开源协议、开源项目和社区等关键要素基本齐备,开源开发者数量突破 800 万,具备推动形成全球技术新标杆的力量。② 市场应用方面,国内各行业企业积极拥抱开源,信息基础设施和业务系统中的开源软件呈爆发式增长,使用开源技术的企业占比高达 90%。③ 产业供给方面,以开源鸿蒙、开源欧拉等为代表的优质开源项目走上国际舞台,欧洲最大开源基金会 Eclipse 宣布推出基于开源鸿蒙的操作系统,英特尔、SUSE 等美欧主流厂商加入欧拉开源社区,我国飞桨、涛思数据等开源软件达到国际前沿水平。

---

① 《周云杰代表:让工业互联网成为城市经济发展的新引擎》,https://www.360kuai.com/pc/96cb664999e90fe5c? cota = 3&kuai_ so = 1&tj_ url = so_ vip&sign = 360_ 57c3bbd1&refer_ scene = so_ 1。
② 《我国开源软件开发者人数已突破 800 万,位居全球第二》,https://baijiahao.baidu.com/s? id = 1785634829134007033&wfr = spider&for = pc。
③ 《"开源"生意经:应用开源技术企业已近九成》,http://www.cb.com.cn/index/show/zj/cv/cv135130341264/p/license/10001.html。

另一方面，万物互联时代加速到来。以下一代操作系统领域为例，国外谷歌、微软等巨头由于生态壁垒高筑，难以快速响应个性化、多样化的市场需求。华为积极布局跨终端协同的产业生态，推出的鸿蒙全场景分布式开源操作系统，相较于谷歌 Fuchsia 系统已体现出一定规模应用优势。当前，以 5G、人工智能、物联网为代表的新一代信息技术快速迭代、群体突破、交叉融合，人类社会正进入"人机物"三元融合的万物智能互联时代，技术路线和发展格局尚不明晰。开源模式为我国布局万物互联新赛道、打造自主创新技术和产业生态突破口提供了重要手段。

（二）百年变局加速演进凸显自主开源生态"内忧外患"

全球"开源政治化"苗头显现，开源安全风险不容忽视。随着国际体系和国际秩序的深度调整，原本中立的开源领域日益染上政治色彩，甚至成为地缘政治博弈的工具。乌克兰危机爆发以来，国际开源软件巨头 SUSE、红帽相继对俄关停业务，Ngnix 开源项目限制俄罗斯开发者访问，GitHub 封禁俄罗斯实体账号等一系列行动，为我国自主创新发展敲响警钟。目前，我国基础核心技术主要依赖国外开源项目，如 85% 以上国产数据库基于甲骨文旗下 MySQL 二次开发，90% 以上的深度学习开发者使用谷歌 TensorFlow 项目研发人工智能产品。[1] 我国亟须重视开源技术所带来的潜藏安全风险问题，加速构建自主技术生态，提升科技创新能力，为我国的产业发展和经济社会稳定提供有力保障。

开源创新资源外流严重，本土开源生态面临"空心化"隐忧。美国凭借顶级基金会所引领的成熟生态，在开发环境、市场需求、技

---

[1] 《开源无国界？中国需加快国产数据库替代，切实保障数据安全》，https：//www. 163. com/dy/article/H8NJT63G055207CD. html。

术推广方面均具有领先优势，对我国开源创新资源产生了强烈的"虹吸效应"。例如，在 Linux 下属的云原生计算基金会（CNCF）中，我国捐献的开源项目占到全部项目的 20% 以上[①]；华为 CarbonData（大数据存储）、阿里 Dubbo（分布式框架）、百度 Doris（分析型数据库）等顶级开源项目均在国外基金会孵化，我国顶级开源人才也大多活跃于国外开源社区。我国开源生态目前仍处于发展初期，若任由大量优质的开源创新资源外流，恐陷入"起步滞后、机制薄弱、资源匮乏、发展迟滞"的恶性循环之中，进而阻碍我国科技创新实力进步，导致国际话语权丧失。

各国开源主导权竞争日趋激烈，自主开源体系建设时不我待。随着开源成为全球科技竞争不可或缺的战略关键、大国博弈不可或缺的生态体系，世界各国纷纷将开源上升到国家战略层面。美国《联邦源代码政策》和《开放政府数据法案》、欧盟《开源软件战略（2020~2023）》和《关于创建欧洲开源硬件、软件和 RISC-V 技术主权的建议和路线图》等文件对开源发展作出全面部署，强调巩固其在开源领域全球优势地位并确保技术主权。韩国、俄罗斯等也积极利用开源发展自主技术和生态。随着各国开源战略部署不断强化，未来全球生态力量对比格局将面临重塑，竞争更趋激烈，我国开源体系建设仍缺乏整体统筹，对于科技和产业自立自强、经济高质量发展的战略支撑能力不足，面临不进则退、慢进亦退的风险挑战。

四　下一步建议

为深入贯彻落实党中央、国务院关于软件产业发展的决策部署，应把握新一代信息技术产业发展规律，科学谋划攻关路径，从构筑国

[①] 《中国开源贡献已达世界前二！》，https：//new.qq.com/rain/a/20220211A06CW900。

家竞争新优势的战略高度，加快布局我国开源体系建设，着力培育安全可控、协同高效、开放繁荣的自主开源生态，提升我国产业链供应链韧性和安全水平，为经济社会发展构筑坚实"数字底座"。

（一）完善顶层设计，形成开源发展"一盘棋"

持续加强中国特色开源体系顶层设计，推动政府印发有关指导性文件，建立开源跨部门统筹协调机制，充分发挥党政军、产学研多方力量，解决开源发展面临的基础共性资源、关键核心技术、安全风险防控等问题，形成统一步调和发展合力。加强舆论宣传引导，提升社会各界认识，吸引国内开源贡献者由国外"回流"至国内。健全政府采购、企业投融资、专项资金引导、人才联合培养等支持政策，营造良好发展环境。

（二）集蓄优势资源，打造开源创新"统合力"

加强专业机构开源安全保障能力建设，尽快建立开源代码安全、组件安全、许可证合规、风险预警等技术支撑保障能力，完善开源软件组件依赖分析、安全漏洞检测、许可证扫描等工具手段，搭建开源风险评估与治理公共服务平台，为产业侧和用户侧提供安全保障服务。大型开源社区要健全开源组件风险评估、代码审计、漏洞修复等常态化机制，摸底开源资产，并实行清单化管理。选取金融、电信、装备制造等重点领域，开展开源安全风险评估治理试点工作。

（三）夯实生态底座，做强开源产业"硬实力"

加大资源投入和协同作战，尽快在操作系统、数据库、人工智能、区块链、大数据等重点领域孵化一批基础性、前瞻性的开源项目，逐步提升开源引领能力。完善多元共治、协同共享的开源社区治理机制，推广开源社区健康度评估，加强社区活跃度、贡献度等核心指标监测，提升开源社区管理水平。支持成立开源原生商业组织，引导投资机构提高对开源技术和开源商业模式的评估能力，助推开源原生企业规模化发展。

（四）立足自主体系，推动国际国内"双循环"

加快推进自主开源许可协议研制应用，鼓励新立项的项目优先使用自主协议，推动开源知识产权风险评估体系建设。完善开源生态治理规则，建立吸引软件企业、高校、科研院所、开发者、投融资机构等各类主体广泛参与开源的机制体制。探索建立产教研融合的开源软件人才培训体系，推动开源进课堂、进园区、进企业，培育开源专业人才梯队。积极组织开源论坛及培训，面向社会深入普及开源理念，放大开源文化磁场。

B.8
开源许可证合规问题探究

王璞 成雨*

摘　要： 开源源起于软件，发展于数字经济，是数字时代开放、共建、共治、共享的新型生产方式。党中央、国务院高度重视开源发展，国民经济和社会发展"十四五"规划、国家软件发展战略等一系列政策文件对开源作出明确部署，推动我国开源基础设施趋于完善，优秀项目社区不断涌现，创新生态加速繁荣。随着我国开源发展走深向实，开源领域的安全合规问题也开始受到重视，许可证合规成为护航生态发展、规范创新行为、保障供应链安全的必要课题。

关键词： 软件许可证　开源合规　开源许可证　知识产权

开源许可证是规范开源软件开发、使用、优化等各环节的"契约"，为各类开源参与主体提供了行为准则，能引导和规范开源健康有序发展。目前，国内开源合规意识不强，普遍存在许可证法律属性认识不清、权利义务理解不准确等问题。通过厘清软件开源的几对关键矛盾问题，明确开源合规的工作重点和发展方向，对于推动我国开源健康、有序、可持续发展具有重要意义。

---

* 王璞，国家工业信息安全发展研究中心软件所工程师，主要从事开源产业政策、开源法律、基础软件等领域研究；成雨，博士，国家工业信息安全发展研究中心软件所高级工程师，主要从事基础软件、开源软硬件、产业政策相关研究。

一 开源与软件专有权殊途同归

（一）软件专有权：保护原始创新

计算机软件在大多数国家受到著作权和专利权的双重保护。《与贸易有关的知识产权协议》（TRIP 协议）将计算机软件列为著作权保护的对象。TRIP 协议的第 10 条第 1 款规定：以源程序或目标程序所表达的计算机程序，均按《伯尔尼公约》所规定的文字作品予以保护。为符合计算机软件知识产权保护国际标准的要求，大多数国家版权法将计算机软件单独列为一类作品。软件中由程序设计和编程人员采用特定格式撰写，用于解释程序的文字资料和图表等文档材料，以及通过目标代码或源代码等形式对程序的表达，均属于著作权保护的对象。

此外，计算机程序不仅是技术人员撰写代码序列的文本表达，也可以实现特定的功能效果，因此构成技术方案的计算机程序，在满足新颖性、创造性和实用性标准的前提下，同时也属于专利权保护的对象。实践中，专利权"以公开换垄断"要求软件专利的申请人须公开目标码背后的全部源代码，实现技术方案的充分透明，且申请软件专利需要一定的手续和费用，而作品完成即自动享有著作权，因此大多数软件以著作权方式受到保护。软件著作权和专利权均赋予了软件作者合法垄断权，软件著作权禁止任何主体未经权利人同意擅自复制、修改、发行软件，软件专利权禁止他人为生产经营目的运行计算机程序，或使用、许诺销售、销售、进口以及通过计算机程序直接获得的产品。

（二）开源：鼓励二次创新

开源理念在我国属于舶来品，"自由软件"（free software）和"开源软件"（open source）概念最初均源于美国，分别由自由软件基金会（FSF）和开放源代码促进会（OSI）在不同历史时期提出。获得FSF 和 OSI 认可的各类开源软件许可证，其条款确定的权利义务内容不尽相同，但毫无疑问都必然符合 FSF 和 OSI 提出的开源理念。"自由软件"于1985年最早出现在自由软件基金会的名称中，旨在提倡软件的自由开发和分发的理念。"开源"一词由 Christine Peterson 创造，并于1998年被开放源代码促进会的创始人采用。FSF 和 OSI 均建立了完善的开源许可证认证体系，通过判断软件许可证内容是否符合"free/open"各要件的要求，定义某一软件是否属于开源/自由软件。FSF 采用四要件定义自由软件，OSI 采用十要件定义开源软件。

尽管 FSF 定义的 free software 和 OSI 定义的 open source 存在细微差异，但二者所提倡的理念殊途同归。OSI 认同 FSF 的关于保护"软件自由"的意识形态观点，同时 OSI 更多关注通过"开源"实际实现软件自由开发，而不是仅停留在观念层面。此外，由于开源软件不一定是免费软件，因此采用"开源"一词可以避免英文单词"free"（既可以指自由，也可以指免费）歧义带来的误解。总体而言，两个概念尽管表述不同，但在实践中指向相同的结果：保护软件使用者对软件的自由使用、复制、修改、分发等权利。为了避免过分纠结于两个殊途同归的概念，后来有人将两种表达合二为一，提出"自由和开源软件"（free and open source software，FOSS/free，libre and open source software，FLOSS）等表述。

综上，大多国家版权和专利法律制度规定软件开发者对其智力成果享有排他性权利，而在开源社区实践中，许可证往往允许用户对软件进行自由使用、复制、修改和分发，软件专有权与开源似乎存在冲突。实际上，开源理念并非不承认计算机软件著作权，而是在尊重软件著作权基础上鼓励二次开发的协作式创新模式。开源许可证是软件开发者与社区用户基于自由意志达成的合同：一方面，在国家知识产权法律制度保障下，计算机软件著作权权利人可以其自由意志选择是否开源、以何种开源许可证开源；另一方面，通过开源许可证对软件源代码使用、修改，软件分发等问题进行规定，软件开发者可将修改权、复制权、发行权等著作权权能让渡给开源社区用户，用户既享受许可证赋予的权利，也要承担一定的义务。

二　开源与商业化相辅相成

（一）开源软件允许商用

从开源理念整体来看，开源并不反对商业化。根据 OSI 对开源的解释，所有开源软件均可用于商业目的，开源项目发起方不能对其下游被许可方施加禁止商用的限制。同样，FSF 也明确表示：自由软件不得禁止商用、商业开发、商业发布，带有禁止商用限制条款的许可证下发布的软件不是自由软件。相反，FSF 甚至支持 GNU 系统作为商业产品的一部分被发布定价。FSF 指出，自由软件许可证之所以要允许软件被商用，原因有二。一是促进技术进步。通过对自由软件进行付费的、专业的商业开发，能及时填补重要的软件技术需求空白。二是最大限度赋予用户使用软件的"自由"。只要软件用户遵守了自由软件许可证条款，那么该自由软件必须为获得软件的用户提供 FSF 所提倡的四项基本自由。如果通过禁止商用限制用户的使用方式，或者要求付费才能获得使用自由，将与 FSF 所提倡的基本要求背道而驰，这样的软件不是自由软件。

（二）开源不禁止收费

开源不禁止收费，并基于一定的商业模式形成了可持续发展的基础。以最典型的开源协议 GPL 协议为例，协议并未明确规定软件发行方收取许可使用费的问题，因此理论上软件开发/发行方（许可方）可以对开源软件收取许可费。软件以开源允许用户进行自由（free）地修改、复制、分发，但可以不免费，尽管实践中 GPL（通用公共许可证）协议下发行的开源软件也大多是免费的，但实际上 GPL 协议规定的发布方的必要义务是公开源代码并允许自由使用，并非免除收费。GPL 明确规定："当谈到自由软件，我们意在表明'自由'而非'价格'"；GPL 许可证是为了保证用户有分发复制软件（分发时用户可以自行选择是否收费）、获取源代码、修改软件、在新项目中使用软件内容的自由，"用户可以对其传送的每份副本收取费用或不收取任何费用，并且可以对其提供的支持或保证服务收取费用"。

总之，软件开发方（licensor）发行自由软件的同时，可就同一软件发布商业发行版（如著名的 ghostscript 软件就同时发布了商业版和 GPL 开源版），自由软件使用方（licensee）在遵守许可证规定义务的前提下，完全可以将获取的软件投入商用或进行商业化开发。

三 "传染性"为可持续开源提供有力保障

开源许可证的"传染性"是指许可证效力不仅限于开源软件本身，还包括以原开源软件为基础的修改版、衍生版或合并版本。2001年，微软前 CEO 史蒂夫·鲍尔默（Steve Ballmer）在接受采访时提出："Linux 是一种癌症（cancer），在知识产权意义上依附于它所接触的一切。"① 此后，软件工程实践中将 GPL 接触即受限的性质称为"传染性"（viral effect）。随着国外软件巨头对开源态度由防备警惕

---

① "Ballmer: Linux is a cancer", https://www.theregister.com/2001/06/02/ballmer_ linux_ is_ a_ cancer/.

到开放拥抱转变，关于 GPL 协议 copyleft 性质的表述也逐步趋于正面。现如今，国外开源社区中普遍使用"互惠性"（reciprocal）表示 GPL 的性质。2021 年，红帽（Redhat）在庆祝 Linux kernel 和 GPLv2 成立 30 周年时公开表示："GPL 有时被称为互惠许可证（reciprocal license），开发者需要将对项目的更改作为回报提供给社区。"

开源许可证是否具有"传染性"取决于开源许可证的宽松程度。按照宽松程度从大到小，开源许可证大致分为两类，一是宽松型（Permissive）。只要求被许可方保留原作品的版权信息，对用户施加的限制较少，衍生软件可以成为私有软件，如 Apache、MIT、BSD 系列许可证。由于允许衍生软件闭源，宽松型许可证属于商业友好型。二是著佐权型（copyleft）。要求对软件的修改和扩展，必须按照获得该软件的许可证进行开源，旨在促进开发人员的合作，保护源代码的自由共享，如 GPL 系列许可证。按照强制开源程度，著佐权型进一步可以分为强著佐权（如 GPL 许可证）和弱著佐权（如 LGPL、MPL 许可证）。强著佐权要求对软件的修改和扩展，必须按照获得该软件的许可证进行开源，被比喻为具有"传染性"。弱著佐权要求对软件的修改、重新分发部分必须按照许可证开源，但将开源软件与其他软件合并形成的作品可以闭源。

"传染性"的范围需要根据许可证内容具体判断。例如，GPLv2 规定：用户必须使其发布的包含或派生自开源项目的软件作为一个整体免费授权给第三方，该要求对修改后的作品整体有效。如果某些可识别的部分并非派生自本项目，可以被合理地看作单独部分，该部分在单独发布时可以不受本协议约束，但是当该部分和基于原程序的作品一起发布时，整个分发版本将受本协议约束，协议对其他许可获得者的授权将延伸至整个项目。此外，仅将非基于该项目的另一成果与该项目聚合在存储或分发介质上的行为，不会将这一其他作品纳入本许可约束范围。

四 展望

近年来，新一代信息技术已成为新一轮科技革命和产业变革的重要力量，开源理念逐步走向云计算、人工智能等数字经济更多领域。尤其是在人工智能领域，ChatGPT引发的新一轮大模型热潮下，开源成为推动技术创新发展的重要模式。传统的开源许可证条款大多针对软硬件项目，无法涵盖人工智能领域开源的相关规则。未来，制定符合大模型技术特点和发展需求的开源许可证，推动AI有序创新，将成为开源与人工智能领域的重要课题。

B.9
RISC-V 软件生态发展现状及建议

王英孺　成雨*

摘　要：　RISC-V 具有开放、简洁、模块化的架构特点，在技术创新和市场需求的双轮驱动下展现出强大生命力，有望与 X86 和 ARM 架构"三分天下"。现如今，RISC-V 发展势头强劲，但配套软件体系有待完善。梳理 RISC-V 软件生态的发展特点，对我国把握时代机遇，筑牢基础软件根基，加快构建高水平 RISC-V 软件生态具有重要意义。

关键词：　RISC-V　软件生态　开源

一　RISC-V 有望打破全球计算架构垄断格局

处理器应用和推广高度依赖生态体系建设。过去，X86 芯片依托"Wintel"（Windows+Intel）生态，ARM 芯片依托"AA"（Android+ARM）生态，发展为两大主流处理器架构。现在，RISC-V 芯片可以依托 RV++生态①，即一套指令集、一套基础软件和 N 种应用场景。

---

*　王英孺，国家工业信息安全发展研究中心软件所助理工程师，主要从事基础软件、开源软硬件、软件园区等方面研究；成雨，博士，国家工业信息安全发展研究中心软件所高级工程师，主要从事基础软件、开源软硬件、产业政策相关研究。

①　倪光南：《为 RISC-V 生态建设贡献中国方案》，《中国网信》2023 年第 4 期。

与闭源的 X86、授权费用昂贵的 ARM 等主流指令集相比，开源开放的 RISC-V 从物联网等新兴市场切入形成差异化竞争，有望发展成为具有一定应用规模、适应丰富应用场景的新型主流处理器架构。

在技术方面，精简架构展现出强大生命力。RISC-V 架构具备低功耗、低成本、灵活可扩展及安全可靠等特性，能够较好契合物联网、云计算及 5G 等技术发展所带来的大量碎片化应用需求。根据 RISC-V 基金会统计，2022 年全球采用 RISC-V 架构的芯片出货量已突破 100 亿颗，仅用 12 年时间走完了传统指令集架构 30 年的发展历程，预计 2027 年 RISC-V 将占整个 IP 市场的 16%。[①] 计算"边缘化"趋势将更多 AI 和计算能力赋予边缘设备，有望带动 RISC-V 应用加速扩展。

在产业方面，开源模式支撑产业创新发展。一方面，RISC-V 开放、中立的"天然基因"吸引全球开发者参与贡献，为全球企业、科研机构、开发者创造了合作平台，构建出协同创新的技术底座。此前，RISC-V 基金会为提供更具中立性的发展环境，将其总部搬迁至瑞士，确保 RISC-V 生态可持续发展。另一方面，基于开源模式的 RISC-V 具有简洁的架构设计和丰富的生态支持，大大降低了芯片产业的技术门槛和准入成本，使更多企业和开发者能够参与到芯片设计和制造过程中，为产业发展注入强大活力。以中国科学院大学为例，五名本科生仅用 4 个月完成 RISC-V 处理器芯片设计工作。

二 RISC-V 软件生态建设重要性日益凸显

当前，RISC-V 架构发展迅猛，芯片出货速度远超预期，但落地

---

① 《RISC-V：等风来，借风势，乘风起》，https：//mp.weixin.qq.com/s/S32o6 dhpT64XQuvb_uuuLg。

场景多以对生态依赖较小的嵌入式、低功耗场景应用为主，离高性能芯片领域还有较大差距，尚需进一步强化软件生态支持。从技术发展趋势来看，RISC-V 正逐步迈向第二阶段，发展优先级已从体系结构驱动切换为软件驱动。未来，以操作系统、编译器等为代表的软件生态体系将成为引领 RISC-V 架构发展的核心竞争力。

（一）RISC-V 软件生态定义

RISC-V 软件生态是指围绕 RISC-V 所构建的生态系统，为基于 RISC-V 的硬件平台提供了全面的软件支持，使开发者能够高效地进行软件开发、优化和部署。按照结构划分，主要包括硬件层软件、基础软件和应用层软件。

硬件层软件是芯片研发的"基石"，包括 EDA 辅助设计工具、RISC-V 硬件仿真平台等。EDA 工具包括综合工具、布局布线工具、仿真工具、版图生成与验证工具等，是用于辅助芯片设计的专业软件。RISC-V 硬件仿真平台是在软件层面对底层硬件平台或其他软件环境进行模拟的工具，有助于简化研发流程，提前发现开发中的问题。

基础软件是处理器生态的"黏合剂"，在应用层软件和计算机硬件之间起到承上启下的关键作用。操作系统作为协调、管理和控制计算机硬件和软件资源的控制程序，是最基本、最重要的基础软件。固件和编译器作为操作系统与硬件之间的"转换器"，能够在操作系统启动前，完成对各项硬件的初始化任务，并确保处理器理解下游指令。中间件将数据和应用程序进行集成和整合，可满足多个应用软件间的资源调度。

应用层软件是繁荣生态建设的"加速器"，作为直接与用户交互的软件程序，应用层软件通过系统调用响应用户需求，其与上游软件产品的适配性能至关重要。这一层级的软件产品种类多、范围广，既包括满足存储、虚拟化等功能的系统软件，也包括面向实际场景和终端需求进行开发的软件产品，如办公软件、娱乐软件等。当前，RISC-V 架构已在移动设备、物联网设备的应用中取得进展，正逐步走向更广阔的应用领域。

（二）国内外 RISC-V 软件生态建设情况

现阶段，培育 RISC-V 软件生态已成为全球共识。2023 年，全球 RISC-V 软件生态计划"RISE"正式启动，旨在加速 RISC-V 架构的软件生态建设及商业化进程。随着处理器生态与软件生态间的壁垒不断被打破，越来越多的企业、开发者投入软件生态建设。

国际方面，以 SiFive、RIVOS、Ventana 等为代表的芯片厂商，专注于促进 RISC-V 处理器生态发展。其中，SiFive 由发明 RISC-V 指令集架构的伯克利研究团队所创立，已成为 RISC-V 软件生态的有力贡献者，提供编译器（GCC、LLVM、PoCL）、实用程序库（GDB、glibc）、Linux 内核端口、ISS 模型（QEMU）等软件工具。国外在操作系统、编译器等软件领域优势明显，拥有谷歌、红帽、新思科技等多家业内领军企业的技术支持。

国内方面，已有数百家企业参与到 RISC-V 生态建设，为全球贡献超 50% 的芯片出货量。平头哥作为唯一入选 RISE 初创董事会的中国大陆芯片公司，已基本完成国际及国内主流操作系统与 RISC-V 的全适配。技术层面，中科院软件所发挥产学研用优势，合力打造 RuyiSDK、PolyOS，共同发布了基于 openEuler 的 RISC-V 商业发行版"傲来 2.0-RV"，并在操作系统编译器、模拟器等开源基础软件中发挥突出贡献。RISC-V 已成为 openEuler、openKylin 等多家开源社区的支持架构。然而，国内在基础软件领域的技术基础、人才储备、知识产权等方面还相对薄弱，软件产品多集中于生态下游，且 RISC-V 软件的商业化路径尚不明晰，还需进一步加快 RISC-V 软件生态建设步伐。

三 把握 RISC-V 软件生态发展机遇

（一）强化技术攻关

一是鼓励国内企业、科研院所积极参与 RISC-V 开源基金会、开源社区和开源项目建设，加强对前沿技术的跟踪和把握，探索创新发展路径。二是鼓励国内软件企业支持 RISC-V 架构，提升软硬件产品兼容性能。三是打造 RISC-V 开源软硬件基础平台，形成关键软硬件产品的知识库、工具库，提升对开源资源的整合利用能力。

（二）深化市场应用

一是鼓励企业加快形成产业化成果，以市场应用为导向，培育出具有市场竞争力的产品和具备生态引领能力的龙头企业。二是建立开源软件企业与产业链上下游企业的协同发展机制，加快推进 RISC-V 在重点行业、关键领域中落地应用。三是强化国际交流合作，围绕 RISC-V 架构，探索技术创新、人才培养、成果应用、安全治理、开源协同等方面的国际合作机制。

（三）完善发展环境

一是加强对国内 RISC-V 产业发展的规范引导，面向企业提供资金管理、法务指导等支持，帮助企业规避知识产权风险。二是推动在高校教学中引入 RISC-V 教学内容，培养集成电路和软件交叉应用的高端复合型人才。三是探索 RISC-V 开源软件商业化路径，制定税收优惠、IPO 快速通道等政策支持初创公司发展，形成与新技术发展相适应的开源生态环境。

参考文献

倪光南：《聚焦开源 RISC-V 发展中国芯片产业》，《前瞻科技》2022
年第 3 期。

包云岗、孙凝晖：《开源芯片生态技术体系构建面临的机遇与挑战》，
《中国科学院院刊》2022 年第 1 期。

包云岗：《基于开源大趋势的芯片设计正在走向开放》，《新经济导刊》
2023 年第 4 期。

刘畅、武延军、吴敬征、赵琛：《RISC-V 指令集架构研究综述》，《软
件学报》2021 年第 12 期。

B.10
大语言模型的开闭源发展模式研究

赵　娆*

摘　要： 大语言模型掀起的全球性技术革命和产业应用浪潮，正在重塑万物智能互联时代的新入口，已成为全球科技竞争的必争之地。众多大语言模型厂商和研究机构根据自身技术积累、目标用户、应用领域等，纷纷选择不同的发展模式，抢占这一前沿阵地。本文从大模型现状和发展模式入手，分析大语言模型厂商的开闭源竞争策略，认为开源是加速大语言模型迭代创新和生态构建的有效路径，围绕大语言模型开源生态建设的关键问题，从构建高质量数据集、突破算力瓶颈、完善开源协议、构建评价体系等方面提出举措建议。

关键词： 大语言模型　开源　人工智能

2022年11月，OpenAI发布ChatGPT，仅两个月时间，用户数量就突破1亿，成为互联网史上增长最快的产品之一。其GPT-4凭借强算法、强算力成为目前唯一有大量用户愿意为其买单的大语言模型。2023年7月18日，Meta公布新一代开源大语言模型LLaMA 2，可免费用于商业或者研究。随后，百度旗下的千帆大模型平台宣布接入LLaMA 2全系列开源模型，阿里云也宣布加入开源模型行列，AI大模型市场正在酝酿一场"开源"浪潮。

---

* 赵娆，国家工业信息安全发展研究中心软件所工程师，主要从事软件及新一代信息技术、产业生态建设、开源等方面研究。

一　大语言模型发展现状

Large Language Model（LLM）即大规模语言模型（简称"大语言模型"），是一种基于深度学习的自然语言处理模型，能够学习自然语言的语法和语义，从而生成人类可读的文本。自 2019 年以来，基于 GPT、BERT、混合三大技术路线的大语言模型层出不穷，截至 2023 年 5 月，全球范围内已发布超 200 款产品[①]，训练规模不断膨胀，模型参数以百亿级和千亿级为主，其中开源模型普遍为十亿至百亿级别。

从发布机构来看，国外科技企业占据主导地位。国外大语言模型的主要厂商有 Google、OpenAI、Mate、Microsoft、Deepmind 等，国内则以百度、华为、阿里等互联网平台企业为主，且 OpenAI、Google 等大模型迭代速度明显高于其他厂商。

从性能来看，非开源模型性能优于开源模型。HuggingFace 官网大语言模型 Arena Score 排行榜显示，截至 2024 年 7 月，在收录的全球上百个开源大模型中，前 12 名均为闭源模型，依次为 GPT-4o、Claude3.5 Sonnet、Gemini Advanced、Gemini 1.5 Pro 等，谷歌开源模型 Gemma-2 27B 居第 13 位。

二　大语言模型厂商的开闭源路径选择

根据大语言模型的开源程度，可分为完全开源、部分开源、仅开放使用、完全闭源四类，不同厂商和机构根据自身技术积累、目标用

[①] 《2023 AI 大模型应用中美比较研究报告》，https：//new.qq.com/rain/a/2023 0926A099R000。

户、应用领域等选择不同的发展模式。

头部领先企业更倾向于闭源模式。目前 OpenAI、Google 等领先的头部 AI 厂商对于先进模型大多采用部分开源、仅开放使用或者闭源模式。如 OpenAI 自 GPT-3 开始走向商业化，不再发布开源版本，谷歌也不再公布 T5 模型及后续版本的细节。头部的 AI 厂商逐步从开源走向闭源，将自身的技术优势构筑为商业化能力的核心壁垒，以延长后来者的追赶时间。

第二梯队企业倾向于通过开源缩小差距。Meta、NVIDIA、阿里云等落后一两个身位的追赶者更倾向于培养开源社区，共同迭代模型以缩小和头部厂商的差距。如 Meta 开源 LLaMA 2、阿里云开源通义千问通用模型 Qwen-7B 和对话模型 Qwen-7B-Chat 等，均可免费用于商业或研究，同时 Meta、NVIDIA 以及 Huggingface 等企业也是目前大语言模型开源社区的主要贡献者，通过分享部分模型与大语言模型相关的知识培训逐渐培养和吸引了一批开源开发者共建生态。

初创企业倾向于通过开源推升公司价值。受限于大语言模型的高门槛，初创企业难以完全自研底层模型，也缺乏海量通用数据进行训练，通常选择开源模式深耕垂直领域，构建自身生态。如 Stability AI 于 2022 年 8 月开源文生图模型 Stable Diffusion，目前已在全球范围内拥有超过 30 万名创作者、开发者和研究者组成的活跃社区①，成为 AI 绘画赛道的佼佼者。

三　大语言模型开源策略的优势分析

回顾 PC、移动互联时代，微软 Windows 和 Linux、苹果 iOS 和

---

① 《Stability AI 发布新版文生图模型：依然开源》，https：//new. qq. com/rain/a/20240223A07U6G00。

谷歌 Android 的开闭源之争，可以看出，微软、苹果凭借先进技术在确定的发展方向中快速推进，用户付费意愿强、黏性大，出于商业角度考虑通常选择闭源模式构建技术护城河，形成坚实的生态壁垒。为打破垄断局面，后发者则通常选择开源模式，凭借技术可获得性吸引众多开发者的持续贡献，保持技术先进性和创新活力，逐步建立起庞大的开发者生态和用户生态，与闭源生态形成竞争。

竞争不过 GPT-4 的大模型厂商们，纷纷选择"换道超车"，利用开源抢占应用生态，这似乎与操作系统的开闭源之争有些相似，其内在的开源策略主要体现在以下几个方面。

（一）缩短追赶时间，降低开发成本

开源降低了大语言模型开发的门槛，让后发者可以站在巨人的肩膀上进行创新，避免重复造轮子问题，节省了大量底层模型构建和模型训练的时间。此外，开源大模型具有更易于部署的特点，商业公司可以将开源模型下载到本地进行私有化部署，再基于自身业务数据进行训练，最大限度地保护数据安全。同时，开源大模型私有化部署的算力选择更多，包括云服务、本地部署、分布式算力等，大大降低了模型的训练、推理成本。

（二）吸引全球开发者，构建用户生态

GPT 系列的大语言模型在开发方面存在诸多限制，而 LLaMA 等开源模型不仅可以进行指令微调，还可以对底层模型进行研究，开发者更倾向于选择开源模型进行开发。同时，开源可以吸引全球开发者共享知识、资源和工具，以不同的视角和想法更快地填补技术差距。截至 2024 年 4 月，GitHub 上关键词包括"GPT-4"的项目有 7900 多

个，"LLaMA"则有 15000 多个[①]，开源模型在短时间内迅速抢占开发者和用户生态。

（三）实现灵活调整，转战专业领域

相较于闭源的超大模型，开源大语言模型还具有透明化和可定制化的特征，商业公司或研究机构可以采用低参数体量的开源预训练模型作为基础模型，通过快速微调和优化，辅以特定专业领域的数据进行训练，得到更高性能和更好表现的细分领域模型。如哈尔滨工业大学以 LLaMA 70 亿参数版本作为基础模型，并收集了超过 8000 条指令数据进行监督微调，得到针对医学领域的、开源智能问诊模型华佗（Hua Tuo），在安全性、可用性、平稳性方面均有出色表现。

四　开源大语言模型发展的关键要素

通过以上分析可以看出，开源降低了大语言模型的开发门槛，为第二梯队企业、初创企业、高校、研究机构等带来了机会，已经在一定程度上改变了大语言模型被闭源产品垄断的局面。但值得关注的是，开源大语言模型能否复制 Linux、Android 的成功之路，除需要维持开源社区创新活力的顶尖人才、优质项目和资金支持外，还需要考虑数据、算力、开源协议、评价体系等关键要素。

一是构建高质量数据集，支撑开源大语言模型的高性能。根据 Google 对 T5 模型的研究，相较于数据数量，数据质量更为重要。AI 大模型的正确发展路径是在保证数据质量的前提下，增大数据数量并相应扩大参数规模。相较于开源来说，现有的闭源大模型相对成熟、

----

① 根据 GitHub 官网资料整理，https：//github. com/。

数据质量更有保障，在预训练环节和高质量反馈数据的获取以及处理上还占据绝对优势，因此开源大语言模型更应关注高质量数据集的构建。

二是优化资源配置，突破开源大语言模型算力瓶颈。据估算，GPT-4 在近 8200 个 H100 上进行一次预训练，需要 55 天，成本为 2150 万美元。[①] 同时，OpenAI 表示，AI 大模型要持续取得突破，所需算力资源每 3~4 个月就要翻一倍。对绝大多数的开源大语言模型厂商来说，如此高的"算力围墙"很难跨越，算力缺乏成为开源大语言模型质量提升的硬限制。未来，可以从优化训练技术、创新模型架构、云端算力部署等多方面入手，优化资源配置，降低算力门槛。如稀疏动态大模型可调用网络小路径完成特定任务，较 GPT-4、T5 等稠密模型算力利用率更高。

三是完善开源协议，促进开源大语言模型生态繁荣。LLaMA 的不可商用问题，一度成为阻碍开源模型更大范围爆发的卡点，LLaMA2 开源可商用，但其商用条款规定"模型月活超过 7 亿，需要再找 Meta 要授权（具体授权模糊）"，大语言模型的开源协议还不健全。同时，开源大语言模型采用的协议主要是 Apache 2.0 和 MIT 许可证，许多开源社区成员认为用于软件的协议实际上并不适用于模型，纷纷呼吁新的开源协议出现。不难推测，一旦解决大语言模型的开源协议问题，将极大提高 AI 厂商加入开源阵营的积极性，形成市场竞争优势。

四是构建评价体系，优化开源大语言模型能力布局。目前，开源大语言模型在通用性等方面与大型闭源模型仍有差距，且缺乏对大模型进行系统评价的体系，导致开源模型尚无法完全证明自身性

---

① "GPT-4 Architecture, Infrastructure, Training Dataset, Costs, Vision, MoE", https：//www. semianalysis. com/p/gpt-4-architecture-infrastructure.

能和优势，缺乏市场信任。随着开源大语言模型生态发展和行业应用持续深化，不同细分领域和能力水平的开源大语言模型产品将广泛应用，为确保大模型产业的健康有序发展，应建立具有公信力的大模型能力评价体系，提升优质开源大语言模型产品的市场竞争力，优化人工智能大模型产业的赛道布局。

《CISA 开源软件安全路线图》解读

李郁佳　程薇宸*

摘　要： 2023 年 9 月 12 日，美国联邦网络安全和基础设施安全局
（CISA）发布《CISA 开源软件安全路线图》，从维护联邦政府网络安
全和关键基础设施安全的角度出发，明确了政府部门在支持开源软件
可持续发展和安全方面的职责定位，部署了关键任务。该路线图明确
了开源软件的数字公共物品属性，高度关注开源软件漏洞"连锁"
效应、供应链"投毒"等两类特有风险，实行美国政府网络和关键
基础设施"小核心"重点保护，强化开源生态系统"大范围"联动
协作，构建开源软件安全保障整体工作格局，对我国加快提升开源供
应链安全保障能力具有借鉴意义。

关键词： 开源软件　风险漏洞　供应链安全　产业政策

一　《CISA 开源软件安全路线图》[①]出台背景

近年来，Log4Shell 事件、NPM 软件供应链挖矿攻击[②]等开源软

---

*　李郁佳，国家工业信息安全发展研究中心软件所工程师，主要从事软件产业政
　　策、开源技术生态等方面研究；程薇宸，国家工业信息安全发展研究中心软件
　　所工程师，主要从事软件及新一代信息技术、软件开源生态、软件供应链安全
　　等领域研究。

①　"CISA Open Source Software Security Roadmap"，https：//www.cisa.gov/sites/
　　default/files/2023－09/CISA－Open－Source－Software－Security－Roadmap－508c%
　　20%281%29.pdf.

②　《有史以来最严重的七个软件漏洞》，https：//zhuanlan.zhihu.com/p/650718213.

件漏洞、供应链"投毒"等突发事件波及全球，美国将开源软件安全上升到国家战略高度予以推进，凸显了建立政府主导、开源生态主体多方协同的开源软件安全保障体系的紧迫性。

一是落实国家战略之举，明确联邦政府支持开源软件长期安全的国家责任。美国持续加强网络安全顶层设计，将开源软件安全摆在突出位置。美国总统拜登曾于 2021 年 5 月签署了《关于加强国家网络安全的行政命令》，其中第 4 节明确提出要加强软件供应链安全。2023 年 3 月美国白宫发布《国家网络安全战略》，其中 3.3 节提到美国联邦政府将与私营部门、OSS 社区合作投资开发安全软件；7 月白宫发布《国家网络安全战略实施计划》，其中第 4.1.2 节提到通过开源软件安全倡议（OS3I）来促进开源软件安全。2023 年 8 月美国国家科学基金会（NSF）、国防高级研究计划局（DARPA）、管理和预算办公室（OMB）等七个部门共同发起了一份开源软件安全和内存安全编程语言的信息请求（RFI），旨在引导政府和企业建设开源软件安全生态，降低美国政府开源安全风险。本次《CISA 开源软件安全路线图》（简称《路线图》）的发布是 CISA 作为美国政府关键基础设施安全防护的主责部门在开源软件安全方面发挥监督保障执行、促进完善发展作用的重点举措。

二是应对现实挑战之需，构筑开源软件生态协同应对防线。开源软件是一种公共产品，在软件供应链中被广泛地关联依赖，有"牵一发而动全身"的效果，单一机构和企业很难对开源软件安全予以有效防护。近年来类似开源软件安全事件频发，如《路线图》中提到，2021 年 Log4Shell 软件漏洞导致全球超 40% 的企业遭受了该漏洞的攻击，甚至入侵了美国联邦机构的网络，给美国政府带来极大冲击；2022 年 NPM 软件供应链挖矿攻击事件导致超过 1200 个 NPM 包被恶意植入挖矿逻辑；同年错别字劫持（typosquatting）攻击也对供应链安全造成了一定影响；同时 Synopsys《2023 年开源安全和风险分析报告》显示，全球各领域有 96% 的研究代码库包含开源代码，76% 的代码库是开源的，也为美国开源软件安全敲响了警钟。这些事件充分暴露了美网络安全防御能力的严重不足，也进一步证明以往依赖开源社区自律的模式已经显示出"公地危机"，存在安全责任难以落实的问题，开源软件安全保护需要上升到国家协调层面。

二　《CISA 开源软件安全路线图》主要内容

（一）明确"防什么"，重点关注两类开源软件新型安全威胁

一是防范开源软件的漏洞"连锁"效应。它以 Log4Shell 为例，说明这类被广泛使用的开源软件遭到破坏可能造成巨大影响，并且这类影响会被放大，甚至影响美国政府的基础设施。二是防范开源库的供应链"投毒"。《路线图》以 NPM 软件供应链挖矿攻击事件为例，说明开发人员恶意植入后门或采取"投毒"行为，将产生对软件供应链下游的严重安全威胁。

（二）明确"做什么"，界定政府部门开源软件安全支持责任

一是以开源社区成员的身份与社区建立合作。通过建立实时合作渠道，CISA 鼓励其他成员对 CISA 提出建议并参与美国政府开源路线图的规划。同时 CISA 还将通过加入开源社区相关工作组的方式为社区做出贡献。二是鼓励各开源代码/包托管平台协同合作。为推动系统安全性改进和协同工作，CISA 鼓励各开源代码/包托管平台协同合作制定 OSS 生态系统中包管理器和其他集中式平台的安全原则，并加强问责制。三是扩大与国际伙伴的合作。通过跨部门协同，CISA

将加强与国际盟友或合作伙伴的合作，并探索互惠互利的合作机会。四是建立 CISA 内部工作组。通过建立 CISA 内部开源软件安全工作组，协调 CISA 在开源软件安全方面的工作，扩展其在开源安全领域的深度和广度。

（三）明确"有什么"，梳理开源软件使用情况，提高风险透明度

一是梳理美国关键基础设施中开源软件使用情况。CISA 未来将与美国关键基础设施合作伙伴合作，并结合现有数据源（如 CISA 的 CDM 计划①）评估美国政府和美国国防部中开源软件的普及和使用情况。同时鼓励行业风险管理机构和关键基础设施相关运营商自愿共享数据。二是制定开源软件风险优先级框架。该框架将根据开源组件的使用级别、维护级别、构建过程安全性等因素计算开源组件的重要度和优先级，并进行排序分类（如支持类、中止类、继续类）。三是重点对美国政府和关键基础设施中使用的开源软件进行风险优先级排序。CISA 将根据组件依赖度对美国关键基础设施中的开源软件进行风险排序分类和漏洞分析，梳理最大风险点，确保美国政府精准开展开源相关工作。四是关键开源软件依赖项风险评估。CISA 将开发相关程序，对关键开源软件依赖项进行持续风险评估并预警。

（四）聚焦"小核心"，筑牢联邦政府开源软件安全防线

一是评选优秀开源安全解决方案。CISA 将评选优秀开源安全解决方案并整合到持续集成/持续交付（CI/CD）流程中，以增强美国政府开源管理能力。二是制定开源项目办公室指南。CISA 将为设立

---

① "Continuous Diagnostics and Mitigation（CDM）Program"，https：//www.cisa.gov/resources-tools/programs/continuous-diagnostics-and-mitigation-cdm-program.

开源项目办公室（OSPO）的政府机构和其他组织制定最佳实践指南，并提供相应支持。三是推动政府在开源安全管理方面先试先行。依托 OS3I，CISA 将推动政府在关键领域先试先行，促进开源软件生态的安全和韧性，并且将在美国国家科学基金会、国防高级研究计划局、管理和预算办公室的共同推动下，发布相关报告确定政府先行先试的关键领域。

（五）带动"大范围"，以点带面提升开源软件生态的韧性和安全

一是加快软件物料清单（SBOM）在开源软件供应链的应用推广。除了继续推进 SBOM 标准化外，CISA 未来将关注 SBOM 自动生成问题，并加强与产业界合作，共同推动 SBOM 发展。二是加强开源参与者安全教育培训。CISA 未来将依托开源社区汇聚开源安全资源，与美国国家科学基金会等政府机构合作，为开源参与者提供教育培训。三是发布开源安全最佳实践指南。CISA 未来将面向政府机构、关键基础设施组织等实体发布开源安全最佳实践，以指导开源安全参与者合规使用开源软件。四是建立开源软件漏洞发布和响应机制。CISA 未来将依托开源社区，实时监控组件上游依赖，建立漏洞发现、响应和发布机制。

三　思考和建议

美国政府通过发布《路线图》，围绕扩大合作、情况摸底、体制机制建设和生态发展等方面细化了开源软件安全工作的目标任务，并凸显了在政府和关键基础设施领域的开源软件安全的重要性。结合我国国情，提出以下几点思考建议。

一是明确各方责任，树立开源供应链风险意识。建立开源软件/

组件责任规范，明确开源软件供应链各环节责任，加强开源安全教育培训，实现风险快速定责溯源。二是筑牢安全底座，提高我国关键基础设施透明度。摸底我国关键基础设施领域开源软件使用情况，按等级梳理风险点，切实提升软件供应链透明度以便快速精准采取措施。三是完善管理体制机制，加快关键技术攻关。围绕开源软件从生产到使用的全生命周期，完善开源软件安全审查、风险评价、漏洞跟踪和响应等机制，加快攻关漏洞管理、软件成分分析等关键技术，提高开源供应链管理水平。四是扩大国际合作，促进开源安全生态发展。开源软件作为公共产品，是创新和发展的引擎。政府应加大开源项目支持，吸引国内外开发者共同建设开源生态，搭建开放共享的开源技术平台，深化国际合作，降低技术壁垒，加速形成面向全球的开源生态治理体系。

工业软件篇

B.12
AI技术成为驱动工业软件革新的
强劲引擎

李明时　田莉娟*

摘　要：　2023年人工智能技术发展迎来了新的高潮，特别是在生成式人工智能和大模型方面取得了显著的进展。在工业软件领域，人工智能技术加速应用于研发设计、生产制造、经营管理、运维服务等产品和服务中，呈现蓬勃发展的态势。国外巨头、国内厂商均进一步积极布局"AI+工业软件"，全力追赶生成式人工智能和大模型的浪潮。

关键词：　工业软件　人工智能　大模型

---

* 李明时，博士，国家工业信息安全发展研究中心软件所工程师，主要从事工业物联网、工业软件、工业实时操作系统、机器人等方面的研究；田莉娟，国家工业信息安全发展研究中心软件所工程师，主要从事软件生态、工业软件政策、软件产融合作等方面研究。

近年来，AI 的浪潮汹涌而来，不断驱动各行业的变革，工业软件与 AI 的融合发展应用也已成为一种趋势，在研发设计、生产制造、服务管理和维护反馈等工业各环节中凸显出更重要的作用。欧美发达国家凭借在工业软件上的先天技术优势和经验积累，已在 AI 赋能工业软件上进行了诸多布局和探索，我国也紧跟发展趋势并取得一些成功实践。

一 国外工业软件巨头积极拥抱 AI 技术

目前，随着 AI 技术的不断进步与提升，其已逐步被全球 CAD、CAE、EDA 等工业软件巨头企业应用到各自的相关产品中。

CAD 领域，西门子、PTC、Autodesk 等头部厂商创新性地在产品中集成 AI 相关功能，其中创成式设计是一大重点应用方向。西门子推出业界首个 AI 驱动的 CAD 草图绘制技术；PTC 引入 AI 驱动的创成式设计；Autodesk 将 AI 应用到施工与建筑设计过程中；达索在云解决方案 3DEXPERIENCE 中推出基于 AI 的设计助手。

CAE 领域，Ansys、Altair 等领先企业以 CAE 在制造业积累的大量数据作为深度学习的基础，以 AI 技术赋能 CAE 建模持续优化，并进一步降低计算成本。Ansys 提出基于 AI 的流体求解器和数字孪生技术；Altair 通过仿真软件和 AI 的技术融合推出了数据分析与人工智能平台 Altair RapidMiner；海克斯康实现基于机器学习的 CAE 模拟，通过使用机器学习和 AI 工具的实时参数仿真来加速产品的设计和开发。

EDA 领域，Synopsys 和 Cadence 两大巨头相互追赶，将基于 AI 技术的产品革新作为公司发展计划和战略投资的一部分，历时多年持续以 AI 增强产品性能。Synopsys 率先将 AI 技术引入 EDA 工具中，于 2020 年初推出了业界首个用于芯片设计的自主 AI 应用程序

DSO. ai，能够在数量庞大的芯片设计解决方案中自主搜索优化目标，自动化执行重要程度低的决策，在节约人力的同时提高效率。2023年4月，Synopsys 又推出了业界首个全栈式 AI 驱动的 EDA 工具套件 Synopsys. ai，涵盖了芯片设计从架构到设计和实现到制造的所有阶段。Cadence 于 2012 年推出了基于机器学习的设计工具 Cerebrus，该工具采用可扩展、分布式的计算解决方案，能够扩展数字芯片设计流程并使之自动化，与人工方法相比在全流程生产能力方面提升 10 倍，在功耗、性能和面积（PPA）等方面的决策优化能力提升 20%，满足大规模计算、5G 通信、汽车等设计要求。2023 年 3 月以来，Cadence 又相继推出以 AI 驱动的验证平台 Verisium、新一代系统设计技术 Allegro X AI、新一代以 AI 驱动的系统设计平台 OrCAD X 等。

二 国内厂商积极探索"AI+工业软件"道路

近些年，我国工业软件厂商也在积极关注 AI 技术的发展，并结合自身产品和技术实际，进行了诸多 AI+工业软件的探索创新实践。CAD 软件方面，苏州浩辰在三维 CAD 中引入 AI 与机器学习技术，用于感知并预测操作趋势；厦门卡伦特推出了 CAD 图元智能识别和图纸智能处理技术，可完成智能比对审图等繁杂工作。CAE 软件方面，上海索辰将 AI 技术应用到流体、结构、光学等工业仿真软件的开发与使用过程中，建设了飞行器数字风洞、火箭发动机数字试车、核动力蒸汽管路振动预测、船舶辐射噪声预报等融合应用解决方案；苏州同元在工业智能设计与仿真平台中打造了 MWORKS AI 工具箱，将原有的仿真建模和 AI 模型有机融合，大幅度减少产品的研发成本。EDA 软件方面，华大九天开展了基于 AI 技术的产品研发，便于设计者处理复杂的链路；南京星火将 AI 技术应用到高频、高速模拟电路设计过程中，研发了智能化 EDI 云平台，整合了 AI、EDA、IP、Foundry（PDK）、

DM、Cloud 等技术。MES 软件方面，瑞鹏天乘研发了基于 AI 的工业制造协同云平台，提供交互式工业人工智能分析能力。

三　AI 技术是工业软件能力提升的
重要"加速器"

（一）AI 技术推动工业软件高效化、智能化、个性化发展

随着 AI 技术在工业软件领域的融合应用持续深化，人工智能正在重塑工业软件的应用开发模式，释放用户创造力，突破知识边界，降低产品门槛，提高数字生产力。CAD 领域，AI 赋能 CAD 使重复的、耗时的和低层次的任务自动化，通过引入基于 AI 的专家系统，能够基于实例和经验给予设计者更加全面、可靠的指导。采用最先进的人工智能推理能力能够在几分钟之内完成设计，比以往缩短了数小时的时间。CAE 领域，AI 赋能系统建模、预测仿真、分析优化等方面。基于 AI 技术对大量的 CAE 仿真结果样本进行训练，获得人工智能评估引擎，能够将仿真求解时间由几小时降低到一秒以内。EDA 领域，AI 赋能数据快速提取模型、热点检测、布局和布线、电路仿真模型以及性能、功耗、面积（PPA）的优化决策等方面。基于 AI 生成海量 IP 的效率比传统方法提升了数十倍；基于 AI 生成版图的效率比传统方法高 3~5 倍。MES 领域，AI 赋能生产计划调度、物料管理、质量控制、设备维护等方面，使企业生产效率提高、生产周期缩短、产品质量提高、生产事故率降低，实现更加高效、精准、可靠的生产流程。

（二）国外工业软件巨头奋力追赶生成式 AI 浪潮

另外，随着 ChatGPT 的"走红"，一些工业软件巨头也在积极

探索将生成式 AI 技术应用于产品中，未来预计会有更多的企业通过生成式 AI 技术推进和优化产品和服务。2023 年 4 月，德国西门子官宣正在与微软合作，使用以 ChatGPT 为代表的生成式 AI 技术来改进其工业工作流程。7 月，美国 PTC 公司应用了 AI 技术的产品中有一个类似 ChatGPT，但不是生成文本，而是生成更复杂的 3D 模型，未来将会利用如 ChatGPT 和 Copilot 等 AI 技术，帮助开发团队提高效率。7 月，Ansys 发布 AnsysGPT 测试版，这是一款多语言、对话式 AI 虚拟助手，用于回答有关 Ansys 产品、相关物理和工程主题的技术问题，其不仅可提供全天候的综合技术支持，还缩短了响应时间。另外，据 Ansys 称，包括 Ansys AI + 和 AnsysGPT 在内的其他 Ansys AI 产品，都将在 2024 年第一季度陆续推出。由此可见工业软件领域的龙头企业对于新技术的追随速度之快，研发以及创新能力之强。

（三）国内工业软件厂商接续推出大模型产品

随着大模型落地应用的不断增多，国内的几家工业软件厂商也陆续推出了各自领域的初代大模型产品。2023 年 7 月，用友发布了企业服务大模型 YonGPT，YonGPT 是用友商业创新平台"用友 BIP"的重要组成，能够底层适配业界主流的通用语言大模型，可实现业务运营、人机交互、知识生成及应用生成四个方面的企业智能化。8 月，金蝶发布了金蝶云·苍穹 GPT 大模型，是金蝶云·苍穹 PaaS 平台的一部分，在广泛接入百度文心一言、微软 OpenAI 等通用大模型能力的同时，也为企业提供各领域的专业垂域模型；苍穹 GPT 率先发布了其中的财务大模型，封装了金蝶 30 年积累的财务知识，可提供"开箱即用"的云服务，也支持与大企业联合共造专属财务大模型。9 月，云庐科技发布 CAE 领域大模型——CAEGPT，能够根据用户提出的需求，智能生成完整、独立的 CAE 功能模块代码，CAEGPT

的发布，初步实现了 CAE 代码的智能生成，对推动我国 CAE 迈入大模型时代具有重要意义。

四 推动我国人工智能与工业软件融合发展的建议

现阶段，国内工业软件厂商基于 AI 技术开展了一系列探索性融合应用，但与国外相比，在技术融合深度、自主创新能力等方面仍有差距，存在关键技术不足、创新合力尚未形成、人才储备不足等问题，围绕上述问题提出以下建议。

一是加强政策支持。加强人工智能等新兴技术与工业软件融合应用发展的系统性布局，鼓励龙头企业、高校、科研机构等加大相关科技研发投入，开展关键核心技术攻关。建立人工智能技术方向的工业软件创新中心、实验室等科技创新载体，充分利用我国工业数据量大、应用场景丰富的优势，推进人工智能技术在工业软件行业的应用和创新。

二是鼓励协同创新。推动公共超算与工业软件企业批量化的资源对接，发挥国家超算平台算力优势，服务基于人工智能的工业软件开发及测试。鼓励工业软件企业与人工智能企业强强联合，充分发挥各自领域的技术、人才和市场优势，开展技术联合攻关和协同创新。

三是培养复合型人才。聚焦人工智能与工业软件科研和产业人才培养，围绕教师、课程、教材、实践基地等关键要素，创新人才培养机制，培养高质量多元化"软件+X"复合型技术和管理人才，赋能制造业等传统工业数字化转型。

参考文献

张翔宇、姚磊：《AI 化工业互联网平台重塑工业软件开发生态》，《互联网经济》2020 年第 8 期。

王迪、王瑞、赵溪：《工业软件驱动数字经济"硬"发展——以国家级大数据（贵州）综合试验区为例》，《新型工业化》2023 年第 10 期。

罗银、吴翠莹、黄海峰：《工业软件与电子信息行业智能制造融合趋势》，《中国科技信息》2023 年第 18 期。

闫晓杰、孔祥栋：《加快人工智能与制造业深度融合，构筑国际竞争新优势》，《中国信息化》2023 年第 9 期。

B.13
开源引擎助力工业软件创新发展

孟　嫣　田莉娟*

摘　要：　目前，开源已经成为基础软件创新的主导模式，相对来说，工业软件领域开源进展则较为缓慢，仍处于探索孕育阶段。全球工业软件巨头已形成一些优秀的工业软件开源项目，我国也已有几款开源工业软件并取得了阶段性成效。随着新兴技术的快速发展、新兴技术与工业软件的加速融合，以及我国工业软件开源生态的持续建设，开源在工业软件领域的创新引擎作用将进一步发挥。

关键词：　工业软件　开源　创新模式

　　当前，开源呈现高速发展趋势，已经成为软件技术和产业创新的主导模式，全球对开源的关注持续攀升。欧美多国将开源提升至国家级别的战略高度，2021年9月欧盟发布《欧盟经济中开源软硬件对技术独立、竞争力和创新的影响研究》报告；2022年初美国国防部发布主题为"软件开发和开源软件"的备忘录。我国也高度重视开源产业发展，2021年"开源"首次写入《中华人民共和国国民经济和社会发展第十四个五年规划和2035年远景目标纲要》，《"十四五"软件和信息技术服务业发展规划》中系统布局"十四五"开源生态

---

* 孟嫣，国家工业信息安全发展研究中心软件所工程师，主要从事工业软件技术产品、开源等领域研究；田莉娟，国家工业信息安全发展研究中心软件所工程师，主要从事软件生态、工业软件政策、软件产融合作等方面研究。

发展。开源模式在协同创新、应用推广、生态构建，以及资源协调方面具有独特优势，为工业软件的创新发展提供了新思路，积极借助开源的创新引擎作用，对加速国产工业软件破局具有重要意义。

一 工业软件开源仍处于探索孕育阶段

开源模式对信息技术创新和软件产业发展的重要性日益凸显，对工业软件的赋能作用也已显现，但还处于初期发展阶段。

（一）开源工业软件主要产品领域覆盖全，热门项目少

对 Github 上典型工业软件开源项目进行梳理分析后可知，目前的开源项目覆盖了工业软件各领域，主流商用工业软件都具备相应的开源替代选择，但热度普遍不高（如工业软件领域最为热门的项目 FreeCAD 的关注度为 17.1k，而整体上最热门的项目在线编程学习平台 freeCodeCamp 的关注度为 364k）。且开源工业软件整体呈现"工具化、半成品"特点，尤其是在 CAD、CAE、EDA 等领域，工业软件开源项目往往对不同单点功能有所侧重，但单个项目难以实现商用软件的完整功能流程。各细分领域热度相对较高的工业软件开源项目如表 1 所示。

表 1　各细分领域热度相对较高的工业软件开源项目

类别	细分领域	项目	功能	Fork	Star
研发设计	CAD	FreeCAD	三维建模软件	3.7k	17.1k
		OpenSCAD	三维建模软件	1.2k	6.3k
		LibreCAD	二维设计软件	950	4k
	CAE	OpenFOAM	计算流体力学仿真软件	576	1369
	CAM	grbl	嵌入式 G 代码编译和运动控制器	3k	5.3k
		LinuxCNC	数控机床控制器	1.1k	1.6k
	EDA	fritzing	电路开发软件	785	3.7k
		LibrePCB	开发印刷电路板软件	279	2.2k
		cocotb	IC 验证平台	472	1.6k

续表

类别	细分领域	项目	功能	Fork	Star
生产控制	PLC	PLC4X	标准化 PLC	254	624
		OpenPLC	用于集成 PLC 的库	396	938
	SCADA	SharpSCADA	轻量级的组态软件	1.3k	2.5k
		RapidSCADA	工业自动化系统	308	658
	MES	qcadoo MES	基于 Web 的生产管理应用	417	728
经营管理	ERP	Odoo	企业业务管理系统	22k	33.8k
		ERPNext	企业业务管理系统	6.4k	16.5k
运维服务	MRO	OpenMAINT	财产和设施管理解决方案	托管于 SourceForge	

注：对于 Github 上托管的开源项目，Fork 表示原项目分支数量，Star 表示项目关注量，可为衡量项目热度提供参考。

资料来源：Github、SourceForge 官网。

（二）部分工业软件开源项目已具备重要影响力

目前存在一些优秀的工业软件开源项目，已经融入众多开源或闭源工业软件，且具备重要行业影响力。开源 CAD 几何引擎 Open Cascade，其应用包括知名开源 3D CAD 项目 Free CAD、船舶设计软件巨头 SENER 开发的著名船舶 CAD/CAE/CAM 系统 Foran 等。开源 CAE 求解引擎 OpenFOAM，被广泛用于流体、传热、分子动力学、电磁流体甚至金融等领域问题的模拟，目前用户涵盖了奔驰、宝马等知名企业。轻量级工控组态软件 SharpSCADA，在 Github 获得了较高关注，拥有 2.5k 关注量和 1.3k 分支。

（三）我国工业软件开源已有先行者

目前我国已有几款工业软件开源，并取得了阶段性成效。一是

FastCAE 软件。2020 年 3 月，青岛数智船海科技有限公司正式开源了由哈尔滨工程大学研发的 CAE 集成开发平台 FastCAE 2.0，用户可免费使用该框架并鼓励衍生软件商业化；FastCAE 1.0 于 2018 年 6 月正式发布，到 2021 年 1 月已更新至 FastCAE 2.5，完成了平台、开发者、用户角色融合，基于 FastCAE 的开源社区初具形态。二是风雷软件。2020 年 7 月，中国空气动力研究与发展中心（简称"气动中心"）面向 NNW 工程①参研单位开源了其研发的混合 CFD（计算流体力学）风雷软件（NNW-PHengLEl V3.0.6332 版本），2020 年 12 月，面向全国开源 NNW-PHengLEl 2012V7129 版本，2021 年 3 月，风雷软件正式上线红山开源平台，这是我国首个工业级 CFD 开源软件；NNW-PHengLEl 于 2013 年 12 月面向气动中心内部发布使用，NNW-PHengLEl V1.0 于 2016 年 4 月面向全国行业内免费使用，到 2022 年 6 月已在红山开源平台更新至 NNW-PHengLEl 2206.v1011 版本。三是 openDACS 开源 EDA。2021 年 10 月，开放原子开源基金会等单位联合发起了"openDACS 开源电路与系统设计自动化"项目，并发布 openDACS v1.0 版本，该项目开源的 EDA 方向包括设计验证和测试综合、逻辑综合和高层综合、物理设计和建模验证、器件模型和参数提取、工艺模型和 PDK、PCB 设计和验证等领域；2022 年 7 月，openDACS v2.0 开源发布，包括 7 个 EDA 工具。

二　工业软件开源前景可期

总体上开源在工业软件领域的创新引擎作用还未充分发挥，随着

---

① NNW（国家数值风洞）工程是由中国空气动力研究与发展中心联合国内优势单位共同规划和建设的大型国产流体仿真工业软件项目。

新一轮科技革命和产业变革的突飞猛进，新兴技术与工业软件加速融合，为工业软件开源提供了"助推剂"。

（一）开源在工业软件上的优势尚未充分发挥

原因可能主要有以下两方面：一是工业软件与基础软件等相比更加小众化，同时由于其机理复杂、开源认识尚待提高等，使用者对工业软件开源代码的贡献更少；二是工业软件的"工业属性"或在一定程度上具有天然的"开源排斥"特征，如芯片设计领域的 PDK（Process Design Kit，工艺设计工具包），通常由 EDA 厂商和芯片制造厂商以制造产线工艺为基础合作开发，涉及制造厂商核心利益。因此工业软件相比其他领域，更注重对知识产权和商业秘密的保护，开源意愿相对较弱。

（二）新兴技术为工业软件开源赋予更多可能

新兴技术的崛起赋予工业软件开源更多可能。一方面，新兴技术有助于孕育海量需求。在数字孪生、元宇宙等趋势的带动下，建模、仿真等工业软件技术的需求有望普遍增加，从而吸引更多开源开发者和使用者，拓宽工业软件技术的应用场景。另一方面，新兴技术有助于拓展工业软件的开源边界。开源在 AI、云计算等新兴技术领域具有广泛应用，随着新兴技术与工业软件的逐步融合，工业软件的开源边界也将进一步外扩。

（三）我国正持续推动工业软件开源生态建设

2023 年，致力于工业软件开源的相关组织通过成立开源社区、举办专题论坛、发布研究成果、举办大赛等方式，持续推动打造开放的工业软件开源生态，并在 CAD、CAE、EDA 等领域取得积极成效。CAE 领域，2 月 24 日，由哈尔滨工程大学特软学院主办，开源工业软件委员会（OpenAtom openCAX）①、FastCAE 开源团队承办的第一届开源工业仿真软件集成大赛线上决赛活动圆满结束。6 月 12 日，2023 开放原子全球开源峰会"开源工业软件"分论坛召开，会上 OpenAtom openCAX 发布了两本开源工业软件白皮书和国内首个开源工业软件社区②。10 月 14 日，开源工业软件产品化集成大赛启动，参赛队伍需基于 FastCAE 开源平台进行开发，FastCAE 团队将提供辅导、授课培训。EDA 领域，10 月 15 日，openDACS 工作委员会③举办了 openDACS 开源 EDA 专题论坛，发布 openDACS v3.0 开源 EDA，包含 2 个工具的升级版本和 5 个新工具，同时对由开放原子开源基金会承办、openDACS 工委会联合承办的 openDACS 开源 EDA 与芯片赛题，进行了专门介绍④。CAD 领域，11 月 5 日，OpenGeometry 开源社区⑤正式发布，将通过搭建云几何内核的开源软件开发平台，构建新一代工业软件的核心"根"技术，为工业软件的产品研发提供支

---

① OpenAtom openCAX 由开放原子开源基金会、中国力学学会、工业和信息化部电子第五研究所、清华大学、华中科技大学、大连理工大学、杭州电子科技大学、哈尔滨工程大学、中科院数学与系统科学研究院、上海宇航系统工程研究所、广州中望龙腾软件股份有限公司、澎峰（北京）科技有限公司等单位共同发起，于 2022 年 7 月成立，致力于构建一个国际化的开源工业软件工具链，推动我国开源生态有序发展，加速工业软件关键核心技术的积累和产业商用的迭代，为工业软件开源使用者、开发者、研究者提供国际化交流平台。

② 《2023 开放原子全球开源峰会开源工业软件分论坛圆满举行》，https：//community. atomgit. com/cax/6489110010821a64020de80b. html。

③ openDACS 项目是由 CCF 集成电路设计专业组、开放原子开源基金会、中科院计算所、中科院微电子所、北京大学、复旦大学、武汉理工大学等多家单位通过自发组织发起的具有公益性质，专注于开源 EDA 研究的全国性联合机构，于 2021 年 10 月正式成立，已相继发布 openDACS v1.0 和 v2.0 开源版本。

④ 《openDACS 3.0 开源 EDA 版本发布会暨 openDACS 开源 EDA 与芯片赛题介绍会在 CCF DAC 2023 举行》，https：//mp. weixin. qq. com/s/rZR2QNZ5U6lR07LWTRhLRQ。

⑤ 由数字化工业软件联盟（简称 DISA）孵化，并由开元几何作为服务公司运营的开源项目。

持，并带动上下游厂商、服务商等合作伙伴共同参与，最终形成产业链协同发展的良性循环。①

三 结语

当前，开源已成为软件技术创新和协同发展的重要模式，在此，呼吁积极借鉴基础软件等领域的创新发展路径，探索工业软件开源模式，并对我国工业软件开源提出四点建议：一是完善顶层政策指导，明确工业软件开源角色定位与重点作用；二是通过政策引导龙头企业加入，建立以用户为主导的工业软件开源生态；三是以开源协议、人才培养为重点，推进工业软件开源生态运营模式创新；四是以模型互通为支点，从技术、标准和管理多维度优化工业软件开源生态建设基础环境。同时，呼吁产学研用各方齐心协力，破解当前阻碍工业软件开源的难题，借开源创新引擎，加速国产工业软件破局。

---

① 《云几何内核开源平台 OpenGeometry 正式发布》，https：//baijiahao. baidu. com/s？id=1781768666709035451&wfr=spider&for=pc。

B.14
增强中试支撑保障，助力软件
产业高质量发展

李明时　米明威　吕应明*

摘　要： 为加快科技成果产业转化，国家和地方出台了一系列中试相关政策措施，明确将中试作为促进产业创新升级的关键环节，积极推动中试基地和公共服务平台建设，促进先进科研成果的中试熟化，加速实现产业化应用。本文在梳理国内政策措施的基础上，研究分析了中试的意义、现状和存在问题，针对性提出了下一步发展建议，为后续开展相关研究提供方向指引。

关键词： 软件产业　中试验证　服务体系　推广应用

技术成果或工具/产品从研发走向产业化应用，需要经历"概念验证""实验室小试""中试验证""产业化"四个重要阶段，中试验证是确保其在生产环境中能够正常、稳定地运行的重要环节。对于软件而言，中试验证能够更好地检验软件的功能、性能、可靠性和安

---

* 李明时，博士，国家工业信息安全发展研究中心软件所工程师，主要从事工业物联网、工业软件、工业实时操作系统、机器人等方面研究；米明威，国家工业信息安全发展研究中心软件所工程师，主要从事工业软件联调联试、集成技术、生态建设等研究；吕应明，博士，国家工业信息安全发展研究中心软件所高级工程师，主要从事工业软件集成验证技术及行业应用研究。

全性，对于集成化、一体化的软件产品实现产业化和实际应用具有至关重要的作用。

一　政策措施

（一）国家层面高度重视

1.《制造业中试创新发展实施意见》

2024 年 1 月 16 日，工业和信息化部、国家发展改革委印发《制造业中试创新发展实施意见》，从指导思想、基本原则、发展目标、布局现代化中试能力、创新发展中试产业、优化中试发展生态、保障措施 7 个方面对制造业中试发展提出了实施意见。

2.《关于推动未来产业创新发展的实施意见》

2024 年 1 月 18 日，工业和信息化部等七部门印发了《关于推动未来产业创新发展的实施意见》，提出按产业需求建设一批中试和应用验证平台，提升精密测量仪器、高端试验设备、设计仿真软件等供给能力。建设一批中试公共服务机构，提高工程开发、技术熟化、样品试制、测试验证等中试服务水平。

（二）地方政府加大关注

2022 年 2 月，辽宁省科学技术厅制定《辽宁省中试基地建设发展实施方案（2022~2025 年）》；2022 年 5 月，陕西省科学技术厅印发《加快中试基地建设 推进产业链创新链深度融合实施方案》；2023 年 8 月，成都市科学技术局印发《成都市概念验证中心和中试平台资助管理办法（试行）》；2024 年 2 月，中共山西省委、山西省人民政府印发了《晋创谷创新驱动平台建设三年行动计划（2024~2026 年）》；2024 年 6 月，广东省人民政府发布了《广东省人民政府办公厅关于加快构建现代化中试平台体系推动产业科技互促双强的实施意见》。

二 中试定义

（一）什么是中试

中试是把处在试制阶段的新产品转化到生产过程的过渡性试验，是科技成果产业化的关键环节，是制造业创新体系的有机组成部分和现代化产业体系的重要支撑。作为科技成果从实验室走向实际应用的关键步骤，以及促进技术迭代、工艺改进和产品创新的重要方式，中试的核心是使创新成果更快转化为现实的生产力。

中试的主要任务是验证、审视并优化原始成果或技术理论，对其进行熟化处理和工业考验，确保生产的安全性与经济性、工艺的可操作性以及产品性能的稳定性。中试验证还包括对工艺、工装、生产测试环境、测试程序、工作程序、结构、产品数据、产品可靠性以及物料可采购性等多个方面的全面验证，确保产品在设计、生产、测试等各个环节都能达到预定的标准和要求。

（二）中试的意义

中试并非一次性的验证行为，而是一个逐步从小批量试验到放大产品试验数量的过程，涵盖技术检验、流程检测、试制放大、试销推广等多个环节。通过中试验证，完成对实验室研（试）制成功的样机、新材料、新工艺等科技成果的创新迭代，确保产品的设计合理、性能稳定，提高产品的制造、应用、市场和商业模式的成熟度，形成标准化的创新产品，为产品的顺利生产和市场推广提供坚实的保障。通常，当中试验证成功后，产品即可步入正式投产阶段。

三 软件中试

（一）什么是软件中试

软件中试是软件开发流程中的一个关键环节，它介于初步开发和最终验收测试之间，用于验证软件产品在特定环境或条件下的性能和功能是否满足预期要求。软件中试以多类多级应用场景为牵引，以高置信度的模型为驱动，在推广应用前对需求反复论证、场景反复验证、产品反复迭代，大幅提升自主软件成熟度和场景适用性。对软件进行中试验证的重要性在于它能够在软件开发的早期阶段发现并修复潜在的问题，确保软件的质量和稳定性。

（二）核心环节

一是软件设计。通过模拟实际运行环境，对软件设计方案的可行性和正确性进行验证，及早发现潜在的问题，避免在后续开发过程中出现重大偏差，确保软件满足预定的需求。

二是软件研发。对软件代码进行严格的测试和验证，确保产品的质量、性能和安全性。主要包括单元测试、集成测试和系统测试等多个层次，以确保每个模块和组件都能正常工作，并与其他部分良好地集成。

三是适配验证。对软件在多技术路线软硬件环境下的适应性进行验证，包括硬件设备兼容性、软件系统集成能力，以及在复杂流程中的稳定性等。一方面确保软件产品在装备实际研发应用中的稳定性和可靠性，另一方面帮助软件产品更好发挥性能优势，提升用户体验，满足实际应用的需求。

四是场景验证。以关键应用场景和数据模型为驱动，对软件在特定应用场景下的适应性进行验证。通过模拟实际环境、处理多类型复杂数据、执行智能控制与决策，提高软件产品质量、降低研发风险、缩短研发周期、提高研发效率、保障数据安全。

五是维护优化。随着软件的使用和环境的变化，可能会出现新的问题和需求。通过中试验证，可以对软件进行定期的测试和评估，确保软件能够适应新的环境和需求，保持其持续的有效性和安全性。

（三）国内典型中试案例

1. 航空工业飞行器机体快速研制中试验证平台

2024年4月，作为我国飞机研制的重大补链平台，航空工业集团首家中试验证平台——航空工业飞行器机体快速研制中试验证平台在沈阳成立。该平台旨在加速新型航空装备和产品研发，促进航空科技成果产业化，推动航空制造业转型升级。

2. 机器人中试验证平台

2024年3月，全国首个智能机器人中试验证平台落户上海，该平台旨在推动建设一流的垂类大模型测试床，解决垂类模型安全能力的评估难题，加速大模型落地进程；推动建设一流的人工智能大模型工业软件的自主可控测试平台，建立工业产品准入门槛；推动建设一流的基于区块链安全测试与性能测试平台，为数据安全提供"可见可控"的解决方案。

3. 数控系统中试验证平台

华中数控打造数控系统中试验证平台，用于数控系统新产品的试制，验证产品设计、推动成果转化。若在试制和测试验证中发现工艺缺陷等问题，相关意见会立即反馈给研发设计人员，由其对来料和工艺进行调试、修正，确保产品达到设计指标，满足客户使用需求。

四　问题与挑战

（一）存在的问题

一是传统中试模式难以构建生态闭环。技术成果或工具/产品从技术发明到应用开发、中试放大、批量生产，需要长时间反复研发，不断投入资金并持续承担风险，中试验证一定程度上成为科研院所和企业两头都不愿"沾"的中间地带，如同难以逾越的"死海"，无法有效构建科技成果转化生态闭环，造成技术研发与市场生产脱节。

二是传统中试平台模式单一。国内传统中试平台主要有三种形式：第一类是大型企业自建自用平台，一般不对外开放，且不会对外共享有关数据；第二类是政府建设平台，一定程度上缺乏相关中试人才支撑团队，且设备先进程度不足，更新迭代周期长；第三类是高校院所科研平台，主要服务于国家重点项目。上述平台市场化程度低，封闭或半封闭的运行格局不利于科技成果的转化。

（二）困难挑战

一是中试验证筹备难度大。中试具有长期性、不确定性、高投入、高风险性等特点。除了需要大量的资金支持，还对实验室、中试车间、仓库等基础设施以及试制生产设备、实验设备和在线检测设备等有着较高要求。同时，中试还需要一定数量的专业人才和健全的管理与运行机制。

二是大量中小企业尚未建立中试能力。当前规上工业企业中仅有1/3开展了中试研究与试验活动，仍有大量中小企业不够重视中试验证，中试服务体系缺失，中试领域人才匮乏，尚未形成中试能力。

三是现有中试平台难以满足现实需求。已建立的中试验证平台不同程度存在职能定位散、服务水平低、发挥作用弱等问题，难以有效满足高质量发展的现实需求。软件中试验证平台缺失，尤其是大型工业软件研发过程中缺乏基于实际工业场景的验证环节，软件开发与工程应用之间存在鸿沟。

五　意见建议

（一）建设第三方开放型中试创新服务平台

第三方机构在中试过程中不仅能够提供专业的中试技术服务，还能够帮助企业降低风险、优化产品，进行合规认证和促进市场准入。基于第三方机构打造"研发+中试+场景"的中试平台创新生态，向前延伸链接高校院所等项目供给端，向后延伸拓展龙头企业、央企国企等成果转化应用场景，联合企业、高校等平台共同对外提供重点领域中试服务，是支撑产业科技创新和高质量发展的重要手段。

（二）建设"1+X+N"中试验证体系

"1"是打造集中式中试验证基地，主要开展通用场景验证，反复迭代调试软件场景适用性，解决部分国产软件基础共性问题；"X"是打造依托龙头企业的中试验证基地，增加实际用户研制流程中的专用软件、业务流程，输出系统、领域、装备级解决方案；"N"是打造依托产业优势聚集地的区域中试验证基地，借助地方优势企业，结合地方产业聚集特点不断汇集丰富场景库、模型库、软件库等共性资源，开放共享，构建互动互助、合作共赢的产业生态。

参考文献

姚作芳、黄韶勇、赵广立：《打造承上启下的中试基地》，《中国科学报》2020年4月24日。

申轶男：《我国中试基地发展现状及政策建议》，《科技与创新》2018年第8期。

郑琦：《基于资源整合的中试公共平台战略》，《科技进步与对策》2008年第8期。

B.15
工业软件集成适配标准体系框架研究

田莉娟 米明威*

摘 要： 当前，国产工业软件间互联互通程度低、与国产基础软硬件的兼容适配程度低，无法形成全国产工业软件集成应用解决方案，难以满足高端装备研制这项复杂系统工程的需求。与工业软件集成适配相关的标准是推动打造全国产工业软件解决方案的重要支撑，需尽快完善相关标准体系框架，加快研制急需急用标准，助推国产工业软件体系化发展。

关键词： 工业软件 集成适配 标准体系

随着装备制造业数字化转型的不断推进、国产工业软件单品能力的快速提升，工业软件集成应用的需求日益凸显，对相关的标准化工作也提出了更迫切的需求。本文聚焦工业软件集成适配，梳理了国内外相关标准的研制现状与不足，提出了针对性的标准体系框架，为后续开展相关标准研制提供方向指引。

一 国产工业软件亟须"串珠成链"

高端装备研制是一项复杂的系统工程，存在多学科协同设计协调

---

* 田莉娟，国家工业信息安全发展研究中心软件所工程师，主要从事软件生态、工业软件政策、软件产融合作等方面研究；米明威，国家工业信息安全发展研究中心软件所工程师，主要从事工业软件联调联试、集成技术、生态建设等研究。

工作量大、数据反复转换和传递频率高、设计交互效率难以提升等问题。只有将研制各环节所应用工业软件"串珠成链",并提高与基础软硬件的兼容适配程度,打造全国产工业软件集成应用解决方案,才可有效克服上述难题,提升装备研制的效率和质量。

近年来,在政策和市场的强劲驱动下,我国工业软件迎来了发展的春天。一系列国产工业软件持续推出,产品的技术能力有了显著的提升,在核心关键技术、底层核心算法、自主知识产权、功能性能指标等方面取得了突破,为实现各领域工业软件的自主化贡献了力量。

但整体上当前我国工业软件产品的研发多聚焦于单品功能、性能的突破发展,尚未考虑与行业内其他工业软件产品间的集成应用需要以及与国产基础软硬件兼容适配的需要,故导致各类产品的集成适配能力普遍较弱,相互之间数据格式不一致、接口标准不统一、运行环境不兼容等难题难以得到根本解决,无法形成全国产化的工业软件组合解决方案,无法满足高端装备研制生产和数字化转型发展需要。同时,由于国产工业软件基本沿用国外设计思想和开发标准,软件整合能力存在较大局限性,相互之间难以实现集成应用,一旦离开国外技术体系将难以独立生存和成长,可能产生新的路径依赖。

二 国内外工业软件集成适配相关标准研制现状

打造全国产工业软件集成应用解决方案背后必须有与工业软件集成适配相关的标准做强有力的支撑,国内外有关标准化组织针对该领域已发布一定数量标准。

国外方面,国际标准化组织 ISO/TC184(自动化系统和集成标准技术委员会)下属的 SC4(工业数据标准化工作组)编制了多项工业软件集成适配相关标准,主要包括 ISO 10303、ISO 13584、ISO 14306、ISO 15531、ISO 17506、ISO 18629 等,分别对工业软件产品数据表达与交换、零件库建设、过程规范语言、三维可视化用 JT 文件格式、工业制造管理数据、工业数据三维可视化数字资产模式进行了规范。目前国外尚未发布与基础软硬件适配相关的标准规范。

国内方面，国内标准化组织 TC159（全国自动化系统与集成标准化技术委员会）承担了较多工业软件集成适配相关标准的研制，其中 GB/T 16656、GB/T 17645、GB/T 19114、GB/T 20719 等主要采用了对应的国际标准[①]；GB/T 18726、GB/T 35123、GB/T 39466 为自主编制，分别对 CAD/CAPP/PDM 软件系统的数据接口、ERP/MES/CRM 系统集成框架、ERP/MES 与控制系统集成框架进行了规范。目前国内尚未发布与基础软硬件适配相关的标准规范。

三　国内工业软件集成适配标准不足

目前，国内已发布标准可在一定程度上指导国产工业软件开展集成应用，但是难以全面支撑工业软件集成适配需求，具体原因主要有：一是与数据交换相关的标准多采用已发布国际标准，适用工业软件类别有限，可操作性较低，难以支撑工业数据在装备研制各环节实现无缝衔接；二是与接口设计相关标准数量较少且内容多局限于数据交换接口，未明确各类工业软件应具备的功能调用接口，难以指导提升接口设计的规范化程度，加大了集成的难度和工作量；三是基础环境适配、数字化模型设计相关标准缺失，且国外无可参考标准，难以指导提升国产基础软硬件的兼容适配程度以及装备数字化模型交付的规范程度[②]。

---

① 《一文读懂工业软件标准化体系构建》，https：//mp. weixin. qq. com/s/0-lAmKZ _ CQrK2av3YrgKCA。

② 《工业软件标准化体系构建》，https：//mp. weixin. qq. com/s/Sq-y00rlGToQA_ LdumMA0Q。

因此，需针对国产工业软件集成适配需求构建体系化的标准框架，加紧开展急需急用标准的研制，推动解决国产工业软件与基础环境间存在的兼容性问题、与其他工业软件间存在的互联互通性问题以及与应用场景间存在的适用性问题，有效降低产业链上下游开展软件集成应用以及跨学科、跨行业发展的难度，为国产工业软件实现"串珠成链"提供理论指导和标准支撑。

四 工业软件集成适配标准体系框架

参考已有的标准体系架构，经过系统梳理研究以及对大量的优秀国产工业软件企业开展线上或实地调研，结合当前我国行业发展实际，我们提出了工业软件集成适配标准体系框架，主要包括"通用技术""产品集成""基础环境适配""数字模型"四个维度。

"通用技术"类标准是工业软件集成适配的基石，用于解决集成适配中的基础共性问题。主要聚焦工业软件集成验证、适配验证等方面的通用要求，如具有广泛指导意义的评价指标体系、方式方法等，可以为其他类别的工业软件（CAD、CAE、CAM、EDA等）开展相关标准研制提供顶层参考和指引。

"产品集成"类标准是针对各类工业软件间集成应用的技术要求，与各类工业软件自身的技术特点密切相关，是标准体系的核心部分。主要聚焦各类工业软件间的"横向集成"技术，对各类工业软件的数据交换格式、集成应用接口、集成应用水平评价方法等进行规范，如 CAD 软件相互集成的数据交换规范、CAD 与 CAE 软件集成的数据交换规范等，有助于解决各类工业软件产品集成的具体技术问题。

"基础环境适配"类标准是针对各类工业软件与基础软硬件间适配的技术要求，与各类工业软件、基础软硬件自身的技术特点密切相关，是标准体系的又一核心部分。主要聚焦各类工业软件与基础软硬件间的"纵向适配"技术，对各类工业软件与专用设备、处理器、操作系统、数据库等基础软硬件开展适配过程中所需遵循的整体工作流程以及适配程度评价方法进行规范，以指导工业软件与基础软硬件加快适配。

"数字模型"类标准规定了高端装备数字样机模型的通用要求，依据高端装备数字样机模型的要素组成，对装备数字模型的定义、分类、集成交互等进行规范，用于指导各类装备研制过程中数字样机的构建、应用及管理等。

五　总结

随着国产工业软件单品技术的不断突破发展，集成适配将成为下一步工作重点。在此我们呼吁行业内的优势力量尽快加强联合、协同完善相关标准体系框架，加紧数据交换、接口设计、装备数字模型标准研制并尽快开展试用，同时注重与国际先进标准兼容接轨，以标准为切入点，探索适用于国产工业软件的集成适配技术路线，加速突破国外工业软件巨头利用事实标准建立的技术壁垒，助力打造国产化的工业软件集成应用解决方案。

B.16
我国工业软件产业联盟发展现状

田莉娟　李浩田*

摘　要：　近年来，在政策红利等因素的影响下，我国工业软件产业发展势头高涨，全国各地陆续成立多个工业软件产业联盟，各联盟聚焦目标定位和主要任务，积极开展产业研究、标准研制、供需对接、人才培训等多项活动，对产业生态建设起到了良好的促进作用。

关键词：　工业软件　产业联盟　产业生态建设

产业联盟是由产业主体在自愿基础上，基于共同目标和利益，形成的一种"松散型""开放式"组织形式，能以较低的风险实现较大范围的优势互补、资源共享、互惠互利，从而成为促进成员间合作、拓展发展空间、提高产业竞争力的重要手段。对于我国工业软件来说，成立产业联盟有助于汇聚产学研用优势力量、增进合作交流、促进协同发展，从而加速产业生态培育、推动自主工业软件良性发展。本文对近年来我国成立的工业软件产业联盟的发展现状进行梳理和分析。

---

* 田莉娟，国家工业信息安全发展研究中心软件所工程师，主要从事软件生态、工业软件政策、软件产融合作等方面研究；李浩田，国家工业信息安全发展研究中心软件所助理工程师，主要从事工业软件生态、产教融合等方面研究。

一　基本情况

据不完全统计，目前由国家各部门指导推动成立的联盟主要有 3 家，由地方政府指导推动成立的联盟主要有 7 家（见表 1）。从联盟的成员单位看，基本上由"政产学研用金服"产业链上下游优势单位组成，具体为工业软件企业、工业企业、高校、科研院所等，其中工业软件企业为主要力量。从联盟的主要任务看，聚焦在产业研究、技术攻关、供需对接、合作交流、成果推广等方面，着力探索工业软件创新发展路径。

表 1　我国主要工业软件产业联盟

类别	序号	联盟名称	成立时间	指导单位	发起单位
国家部门指导推动成立的联盟	1	中国工业软件产业发展联盟	2010 年 12 月	工业和信息化部软件服务业司、北京市经济和信息化委员会等	CAXA、神舟软件等主流专业工业软件厂商，金蝶、浪潮等综合软件服务厂商
	2	中国工业技术软件化产业联盟	2017 年 12 月	工业和信息化部	工业和信息化部电子第五研究所、工业和信息化部电子第一研究所以及北京索为系统技术股份有限公司等高校院所、行业企业、用户单位、第三方机构
	3	中国和平利用军工技术协会系统工程软件产业分会	2020 年 10 月	国家国防科技工业局、中国和平利用军工技术协会等	来自航空、航天、兵器、船舶等行业的工业部门、高等院校、软件研发企业等 18 家单位

续表

类别	序号	联盟名称	成立时间	指导单位	发起单位
地方政府指导推动成立的联盟	4	山东省工业软件联盟	2022年9月	山东省工业和信息化厅	浪潮联合山大华天、山东新松、奥利普奇智、山东大学、济南二机床等省内骨干工业软件厂商、工业企业、高校、科研院所等50余家单位
	5	浙江省工业软件产业技术联盟	2022年7月	浙江省经济和信息化厅	省电子信息产品检验研究院联合省数字经济发展中心、浙江大学、中电海康集团等16家单位
	6	江苏省工业软件产业链联盟	2021年10月	江苏省工业和信息化厅	中电国睿为主要发起单位
	7	数字化工业软件联盟	2021年8月	广东省科学技术厅	目前成员包括华为、工业和信息化部电子第五研究所、广汽集团、美的集团、广州数控、安世亚太、赛意信息、中望软件、金蝶软件等全国范围内200家单位
	8	福建省工业软件产业联盟	2021年4月	福建省工业和信息化厅	中海创等省内8家企业
	9	成都市工业软件发展联盟	2022年7月	成都市经济和信息化局	首批为中国人民解放军第五一九工厂、航空工业成飞等产业链上下游39家单位
	10	广州市工业软件产业联盟	2021年5月	广州市工业和信息化局	工业和信息化部电子第五研究所联合中望软件等多家单位

资料来源：国家工业信息安全发展研究中心。

（一）国家相关部门发力，指导推动产业联盟成立

2010 年 12 月，在工业和信息化部软件服务业司及北京、上海、浙江、辽宁、重庆、广东、陕西、大连等省市经济和信息化委员会（或工业和信息化厅）联合指导下，由国内部分工业软件企业共同发起成立了中国工业软件产业发展联盟。2017 年 12 月，在工业和信息化部指导下，由工业和信息化部电子第五研究所、工业和信息化部电子第一研究所、北京索为系统技术股份有限公司等一批高校院所、行业企业、用户单位、第三方机构共同发起了中国工业技术软件化产业联盟。2020 年 10 月，在国家国防科技工业局（简称"国家国防科工局"）、中国和平利用军工技术协会等的指导支持下，中国和平利用军工技术协会系统工程软件产业分会成立，来自航空、航天、兵器、船舶等行业的工业部门、高等院校、软件研发企业等 18 家单位成为首批会员。

此外，2017 年，在国家国防科工局领导支持和推动下成立的中关村科创智慧军工产业技术创新战略联盟，致力于推动智慧军工产业发展，近些年随着工业软件自主化发展的紧迫性的不断增加以及国家重视程度的逐步提升，其也在积极参与工业软件生态建设；2022 年 5 月，在国家国防科工局的指导支持下，工业和信息化部电子第一研究所携产业各方伙伴共同发起"高端工业软件创新发展领航计划"（简称"领航计划"），发挥"准联盟"作用，致力于围绕政策制度、标准体系、集成验证、示范应用、产教融合等方面推动构筑多元、开放、共赢、可持续的高端工业软件生态，目前已汇聚 168 家成员单位，其中用户单位 17 家，企事业单位 128 家，高校 21 家，地方政府部门 1 家，第三方机构 1 家。

（二）地方政府高度重视工业软件发展，指导发起若干产业联盟

近年来，我国各省市积极响应国家号召，多策并举大力推动区域

工业软件产业加速发展，成立产业联盟便是其中的一项重要方式。自2021年起，福建省、广东省、江苏省、浙江省、山东省、广州市、成都市等省市地方政府接连指导成立了工业软件产业联盟，旨在面向本区域内产业生态各方力量，构建合作机制，有效整合资源，优化产业发展环境，推进工业软件与制造业融合发展，打造工业软件自主创新产业生态体系。

二 活动开展情况

各联盟成立后，聚焦目标定位和主要任务，广泛开展了政策研究、标准研制、产研合作、供需对接、大规模交流、人才培训等活动，为丰富和活跃产业生态起到了积极的促进作用。主要总结如下。

一是凝聚产业各方专家力量，深入开展行业调查研究和标准研制，发布产业发展白皮书、相关标准等成果。例如，2021年5月中国工业技术软件化产业联盟发布《中国工业软件产业白皮书（2020）》，2022年6月"领航计划——标准先行号"提出了工业软件集成适配标准体系框架，2022年11月成都市工业软件发展联盟发布成都市工业仿真软件（CAE）示范发展白皮书和航空工业软件产业链全景图，2022年12月数字化工业软件联盟发布《Part&BOM数据模型》团体标准等。

二是发挥联盟桥梁纽带作用，有效搭建交流合作平台，举办供需对接、专题研讨、论坛会议等活动。例如，2022年11月，江苏省工业软件产业链联盟承办"智能工业软件创新发展论坛暨工业软件产业链供需对接会"；2022年10月，浙江省工业软件产业技术联盟赴宁波市开展"工业软件数智赋能"主题对接活动并探讨联盟宁波赋能中心建设思路等；2023年6月，"领航计划"在上海证券交易所支持下举办"走进上交所"活动，探索工业软件产融发展推进路径，为企业借力资本市场加快发展搭建桥梁。

三是聚焦产品应用和推广，举办大型比赛、解决方案征集、展览等活动。例如，自 2022 年起数字化工业软件联盟已举办两届工业软件创新应用大赛；2023 年 5 月，"领航计划"举办"高端工业软件产品及应用案例"评审会及演示试用、示范推广活动，加速自主成果的应用推广；2023 年 7 月，浙江省工业软件产业技术联盟启动《浙江省工业技术软件化优秀案例集》编制工作，在全省范围内聚焦智能制造重点环节，汇集工业技术软件化优秀成果。

三　存在的问题及建议

当前，我国工业软件产业联盟的发展整体上还处于起步阶段，存在一些较为明显的问题，一是缺少专门服务于军工行业的工业软件产业联盟。军工行业属于高精尖领域，军工工业软件相较于其他行业更具有复杂性和特殊性，但目前的联盟是面向全国或本区域各个行业的，尚未成立针对军工工业软件的联盟。二是产业联盟整体上管理机制不够健全、组织形式相对松散。大部分联盟成立时间较短，还未探索出稳定且有利于可持续发展的组织结构、管理方式、协同机制和业务范围等，存在联盟内部一家独大、各自为政等问题，甚至有些联盟在发展过程中已经消亡。三是产学研用各方合作深度不足。目前以交流、研讨为主，各类活动在深度、广度和持续度上有所欠缺，且影响力、号召力还需进一步增强，发挥的实效与预期有一定的差距。

为更好地发挥产业联盟对产业技术创新和生态培育的推动作用，提出以下几点建议。一是在国家国防科工局指导下，推动成立军工工业软件产业联盟，聚焦高端工业软件领域，发挥需求牵引作用，服务重大工程、军工行业和军民协调发展。二是推动国家层面、地方层面的联盟建立协调联动机制，充分发挥各联盟的优势，找准契合方向，加强交流互动和协作共建，积极推动国家重大工程成果向地方或其他行业转移辐射。三是发挥联盟内骨干企业的主导作用和高等院校、科研院所的科研优势，加深合作互动，开展多样化的创新活动，加大宣传力度，着力提升活动实效，打造知名品牌服务平台。

参考文献

王静宇：《中国新能源汽车产业联盟发展现状及技术创新模式研究》，《科技管理研究》2016 年第 22 期。

苏灵均：《关于晋江市产业技术创新战略联盟发展的一些思考》，《经贸实践》2016 年第 1 期。

王璐、代玉洁、白宝良：《贵州省产业技术创新战略联盟现状及对策研究》，《内蒙古科技与经济》2016 年第 14 期。

新兴技术篇

B.17

2023年我国 AI 大模型产业发展报告

许智鑫 程薇宸*

摘　要： AI 大模型正掀起全球性的新技术革命和产业应用浪潮，将重塑万物智能互联时代入口、打造全新数字技术底座、引领应用创新变革、加快赋能千行百业，为我国数字经济发展注入新动能、带来新机遇。当前，我国大模型产业发展快速跟进，呈现百花齐放格局，算法方面赶超迅速，但仍面临算力及硬件承压、数据开放程度不足等突出瓶颈制约，产业应用落地和生态构建步伐滞后于国外。为抢抓新一轮技术变革机遇，应大力推进国产大模型技术创新和产业应用，加速构建软硬协同、开放共赢的自主大模型生态，加快形成基础软硬件产业新优势，增强产业全球竞争力。

---

* 许智鑫，博士，国家工业信息安全发展研究中心软件所工程师，主要从事新一代信息技术、人工智能大模型生态等领域研究；程薇宸，国家工业信息安全发展研究中心软件所工程师，主要从事软件及新一代信息技术、软件开源生态、软件供应链安全等领域研究。

关键词： 大模型 算力 数据 生态

一 我国 AI 大模型发展情况

AI 大模型是指经过大规模数据训练后，能够适应自然语言理解、检索、文本/图像/视频生成、交互控制等一系列下游任务的模型。近一年来，国内科技企业争相布局大模型，产业发展进入爆发期，呈现"多点开花、各有侧重"特点。但整体而言，国内大模型仍处在发展初期，各参与方竞争激烈，技术路径和生态较为分散，产业应用路径有待进一步明晰，总体呈"百模大战"态势。比如，华为推出"盘古大模型"，全栈式布局上下游软硬件，致力于打造自主 AI 生态体系，持续落地金融、煤炭等行业大模型并开发全场景 AI 解决方案。百度基于自研的飞桨云平台能力优势，打造开放式的 AI 研发生态，以"文心一言"打通消费端市场。阿里计划将所有旗下产品接入"通义千问"大模型，以支撑千亿级参数大模型训练及部署，同步布局企业端和消费端市场。腾讯基于其自研的预训练框架 AngelPTM，完成混元 NLP 大模型训练，预训练语料超 2 万亿 Tokens，其 MaaS 服务底座可支持 API 直接调用。商汤发布多模态多任务通用大模型"书生 2.5"，其图文跨模态开放任务处理能力可为自动驾驶、机器人等通用场景提供高效精准的感知和理解能力。

二 国内外大模型发展情况分析

我国重点大模型参数体量已超千亿级，规模基本与美国持平，具备跟进全球 AI 大模型发展浪潮的能力基础。尽管我国大模型算法水平与国际基本持平，但算力不足、数据不开放成为当前制约我国大模型发展的主要瓶颈。

（一）算力面临瓶颈，AI 计算芯片等底层硬件严重受制于人

业界主流大模型参数量普遍超百亿，对算力基础设施要求较高，但国产软硬件"能用"但"不好用"现状制约我国国产大模型产业发展。一是算力支持硬件效率不足，国产芯片较难支撑大模型推广，训练一次 ChatGPT 所需算力需要国内 10 个算力 500P 的数据中心支撑，而英伟达最新 GPU 可将大语言模型的速度提高 30 倍，我国支持 AI 大模型的算力基础设施关键核心技术仍受制于人。二是云平台软件性能有待提升，国内百度飞桨、华为 MindSpore、科大讯飞开放平台等可提供基于 AI 的模型推理云平台，但与国外同类产品在技术能力、开发者生态、研发投入等方面仍存在较大差距。三是算力使用成本较高，预训练有 175B 参数量的 GPT-3 需要 3.14E11 TFLOPS 的算力，成本极高；而我国数据中心供需失衡导致"烟囱化算力"难互联、难协同，加剧了算力利用率低、算力成本难降等问题。四是算力产业链协同水平不高，国内异构计算相关的加速器、编译器、工具链等基础软件成熟度不足，网络、计算融合不深，设备接口和信令协议等标准尚不统一，制约算力网络产业化推广。

（二）数据开放程度不足，大模型技术积累和产业应用或成"无源之水"

数据资源构成 AI 大模型训练的基础，但我国大模型研发面临国内 AI 数据集开放性不足、质量参差不齐问题。一是数据资源开放度不够，市场可用的中文数据集数量明显不足，致使我国 AI 企业、科研院所的国产大模型研发大多依赖于国外开源数据集，并且国内龙头企业研发 AI 大模型或将导致平台数据垄断问题进一步加剧，形成对

我国初创企业研发大模型的非对称优势。二是中文数据集较英文数据集整体存在质量差距，对于大模型训练带来不利影响。一方面，中文数据相较英文数据清洗难度更高，数据质量标准相对缺失；另一方面，国内互联网公开数据大量储存于移动端 App，较网页端数据更难抓取，难以广泛汇聚数据资源形成高质量数据集，制约大模型的准确性、可靠性。因此，我国亟须建立健全开放数据集标准体系，构建开放共赢产业生态，以高质量的 AI 数据集支持国产大模型产业发展。

（三）算法呈现赶超态势，但受制于高端人才缺失，技术产业发展后劲不足

基于规模庞大的互联网用户体量和数据量，我国 AI 大模型算法与国际发展水平基本持平，有望不断实现突破并取得领先。但是，AI 大模型的底层算法研发依赖顶尖研发人才，我国在顶尖人工智能人才储备上与美国仍有较大差距，从 2022 年入选 AI 2000 榜单的学者国籍来看，美国共入选 1146 人次，占全球的 57.3%，位居第二的我国不足美国的 1/5。

三 大模型为我国基础软硬件发展开辟新机遇

（一）引爆算力需求，拉动国产软硬件基础技术升级和性能优化

一方面，AI 大模型发展拉动基础软硬件性能优化。AI 大模型技术成熟与应用推广提升了算力需求，扩展了高性能基础软硬件的市场前景，为我国软硬件产品服务创造了更为广阔的应用场景；同时也对自主产品提出更高的技术要求，国产基础软硬件需要瞄准大模型产业进一步优化性能，更好融入 AI 大模型产业链供应链，以防丧失产业发展机遇，如华为发布昇腾芯片以支撑其 AI 产品。另一方面，AI 大

模型将进一步推动自主信息技术的云化发展，云计算可支撑 AI 大模型发展的算力需求，发挥云计算的可扩展和低成本优势，成为支撑大模型运行的必要条件，在此背景下，信创云或将成为支撑国产 AI 大模型发展的关键基座。

（二）技术体系和应用生态面临重构，开辟基础软件产业发展新蓝海

正如时任阿里巴巴集团董事会主席兼 CEO 张勇所言，"所有产品都值得用 AI 重做一遍"，大模型或将为传统信息技术体系带来颠覆性变革，推动基础软件和操作系统向泛在感知、泛在互联、轻量计算、轻量认知、反馈控制、自然交互的方向发展，而我国基础软件产业发展路径仍然是传统信息技术的体系模式，大部分产品服务处在产业链低端环节，与 AI 大模型带来的新型信息技术生态不相适应，有在全球新一轮信息技术变革中再次掉队的风险。为此，新时代信息技术产业发展路径应顺应变革方向，重视基础软硬件自主创新发展面临的重大挑战，构建自主信息技术的软硬件架构体系，推动我国基础软件向云化、智能化等高端方向发展。

（三）各行业各领域场景变革步伐加速，助推软件产业融合发展

一方面，ChatGPT 等人工智能应用利用所拥有的大量知识储备和较强的辨别分析能力，可以帮助软件开发者快速获取信息、提高工作效率和解决具体问题，应当在软件产业中鼓励开发者合理使用，以压缩国产软件产品服务的迭代周期。另一方面，应支持国产软件产品与 AI 大模型产品融合应用，改善用户体验，利用自然交互等功能减少与国外同类产品的体验差距，强化国产软件的市场竞争能力，助力我国软件产业高质量发展。

B.18
我国区块链产业态势洞察与发展建议

杨梦琦　许智鑫　赵哲*

摘　要：　　区块链对于我国数字经济发展意义重大，并在 Web3.0 成为全球竞争热点等背景下呈现新的发展趋势。一方面，区块链产业获得国内政策高度支持，发展定位更加清晰，区块链技术已经形成显著的收敛态势且功能、性能不断优化，行业应用的广度与深度均有提升。另一方面，区块链呈现与新兴技术、国内自主信息技术融合发展的新趋势，将与人工智能等技术共同推动互联网体系架构系统性升级，也将随着数据要素市场的大力建设迎来新发展风口。为把握产业新发展机遇，应从技术融合、应用实效、产业协同等方面发力推动下一代互联网和数据要素市场建设。

关键词：　　区块链　数据要素　下一代互联网

党的二十大报告提出，加快发展数字经济，促进数字经济和实体经济深度融合，打造具有国际竞争力的数字产业集群。区块链作为下一代互联网的重要组成部分，将促进数据流通共享、赋能数据

---

* 杨梦琦，国家工业信息安全发展研究中心软件所工程师，主要从事区块链、Web3.0、元宇宙等领域研究；许智鑫，博士，国家工业信息安全发展研究中心软件所工程师，主要从事新一代信息技术、人工智能大模型生态等领域研究；赵哲，国家工业信息安全发展研究中心软件所助理工程师，主要从事人工智能、区块链、元宇宙等领域研究。

要素市场、释放数据要素价值，对于促进数字技术与实体经济深度融合、做强做优做大我国数字经济意义重大。在全球主要国家和地区加快 Web3.0 战略布局的背景下，区块链技术、应用和产业也迎来新发展机遇。本文通过梳理产业发展态势，分析产业发展趋势，提出下一步发展建议，加快推动区块链成为我国数字经济发展的坚实底座。

一 2023年我国区块链产业取得积极进展

2023 年是全面贯彻党的二十大精神的开局之年，"全国新型工业化推进大会"提出"积极主动适应和引领新一轮科技革命和产业变革""大力推动数字技术与实体经济深度融合"。在此大背景下，区块链技术作为数据要素流通的关键技术，发展定位更加明晰，技术和应用也进一步发展。

一是发展定位更加明晰，地方持续支持和探索。国家层面，区块链技术在价值互联网中数据要素流通底座的定位更加清晰。《元宇宙产业创新发展三年行动计划（2023~2025 年）》要求推进以区块链为核心的数据治理和数据资产跨平台流通技术体系，《对全国政协十四届一次会议第 02969 号提案的答复》提出将从顶层设计、技术研究和监管等方面推动基于区块链技术的 Web3.0 发展。地方层面，上海前瞻性发布区块链关键技术攻关专项行动方案，推动形成可支撑 Web3.0 创新应用发展的新一代开放许可链技术体系与标准规范。重庆、杭州、郑州等地也积极探索"区域链""城市链"模式，对底链及场景进行统筹管理，促进场景融通发展。

二是技术收敛态势突出，自主技术持续迭代升级。国内区块链技术已经形成显著的收敛态势，FISCO BCOS、长安链、蚂蚁链等主流底链已经形成强大的生态影响力且应用占比持续提高，BaaS 市场份额则被蚂蚁、腾讯、华为云等七家头部厂商占据超过 80%。① 国内厂商区块链技术基础功能更加完善，并在共识算法等方面不断优化，性能 TPS 由平均千级提升至万级。部署运营方式更加多样便捷，跨链互通能力成为标配，网络规模承载能力持续提升，部分国产区块链产品已具备大规模节点管理能力以及 TB 级数据量下的持续稳定运行能力。

三是响应国家重大战略，应用模式更加丰富。应用场景方面，覆盖领域更加广泛，应用广度与深度均有提升。同时应用场景紧跟"新型工业化""双碳""数据要素"等国家重大战略布局，出现了一批碳管理、数据要素流通平台等特色项目。从应用模式看，应用场景涉及数据存证、溯源、数据共享、业务协同等多种模式，且区块链在实际应用中正由单一应用模式朝多应用模式协同化发展，出现了"存证+溯源+数据共享"等多模式应用项目，区块链正逐步融入实际业务环节，在促进数据共享、优化业务流程、提升协同效率等方面发挥更大价值。

二　区块链产业发展呈现新趋势

在 Web3.0 成为全球竞争热点、传统联盟链面临发展瓶颈等局势下，区块链产业进入转型发展的关键窗口期，呈现三个方面的新趋势。

技术融合成为技术创新发展主赛道。近年来，区块链产业主体在融合创新方面持续探索。一是与自主技术融合，一批国产区块链产品与国产芯片、操作系统等自主技术的兼容性不断提升。二是与新兴技术融合，涌现一批"云链结合"的 BaaS、链网式的基础设施等融合

---

① 数据来源：IDC 中国。

型技术方案，实现了更轻量、更灵活、低门槛的应用部署模式。三是与开放生态融合，开源已成为区块链技术创新的重要力量，根据全球主要的开源托管平台数据统计，star 数在 1000 以上的开源区块链平台共有 18 个。[1] 重点开源区块链项目正吸引全球开发者投入区块链技术创新工作，推动区块链生态更具向上的开放性和包容性。

数据要素市场建设带来区块链应用发展新机遇。数据要素已成为促进数字技术与实体经济深度融合、推动数字经济高质量发展的核心引擎。党中央、国务院高度重视发挥数据要素作用，2023 年以来，国家顶层政策文件持续加码。然而，当前数据要素市场仍面临不少的卡点问题，特别是在数据产权制度、数据隐私安全、数据基础设施建设等方面，数据确权、流通、分配、可控等产业需求的牵引将极大地为加速形成以区块链技术为核心，面向消费端的新型操作系统创造更大的空间。

以区块链和人工智能为核心的 Web3.0 推动互联网体系架构系统性升级。Web3.0 是以区块链、人工智能为核心技术的下一代网络形态，核心特征是用户更加自主、数据所有权更加明确、交易更可信任、个人隐私更加安全。当前，美国 Web3.0 发展处于全球领先地位，其应用以去中心化金融、娱乐游戏为主，我国应坚持把发展立足点放在实体经济上，紧扣"虚实结合""由虚入实"主线。作为 Web3.0 体系下的重要技术，区块链技术可重构基于"数字契约"的网络信任体系，在促进数据流通共享、降低数字交易成本、释放数据要素价值方面发挥重要作用。

三　多点发力推动区块链产业迈向新台阶

为把握新发展形势下技术融合、生态协同等需求，推动下一代互

---

[1]　根据《2023 中国开源发展蓝皮书》数据统计整理。

联网和数据要素市场建设，本文提出三方面建议。

一是抓"技术融合"，加强技术生态建设。加强 Web3.0 核心技术攻关，深入研究开放联盟链技术，支持分布式数字身份、预言机等领域技术创新。以 Web3.0 发展为契机，加强区块链与云计算、隐私计算、人工智能、物联网等技术的融合创新。持续推动关键核心技术收敛，形成一批面向国密和自主基础软硬件体系的开源区块链底层平台产品，通过开源生态建设，加强自主技术产品的应用推广。

二是抓"应用实效"，推动应用走深走实。鼓励各行业、各地方结合行业、地区特点，以"问题导向""场景导向"发展区块链产业，不盲目追求数量和规模，深入探索挖掘高质量的应用场景。鼓励围绕典型场景，探索用户与区块链企业结对攻关或联合组织"揭榜挂帅"工作。通过组织典型应用案例征集工作并定期开展调研，及时掌握产业发展动态，主动发现解决产业发展问题。

三是抓"产业协同"，持续优化产业生态。以重点行业数字化转型为契机，促进应用间平台互通、数据互通，形成发展合力，避免独自建链、各自为政形成"链孤岛"。鼓励地方积极参与国家开源体系建设，推动产业集聚发展。同时，加强北京、香港等区域间合作，举办区块链融合发展深度行系列活动，打造产业深度交流融合与供需对接平台。

B.19
2023年我国云计算产业高质量
发展报告

许智鑫　闻书韵*

摘　要： 随着数字经济的快速发展，世界主要大国持续发力推动云
计算产业发展，下一代云计算作为数字技术发展和服务模式创新的集
中体现，将在未来数年内进入二次蓬勃发展的全新阶段。近年来，我
国云计算产业发展取得显著成果，产业侧以云原生技术为突破引领上
下游软硬件开发模式重塑创新，以供给侧改革为手段打造更契合我国
海量数据和多元场景需求特点的云计算市场，通过云计算发展带动软
件产业转型变革。为抢抓下一代云计算发展新机遇，我国云计算产业
应加大政策牵引，聚焦云计算底层技术攻关，支持 SaaS 服务模式应用
创新，加速构建我国云安全体系，推动云计算产业发展行稳致远。

关键词： 下一代云计算　产业发展　云原生　SaaS

一　国内外云计算产业发展情况

（一）美国云产业战略抢占先机，我国云政策规划亟待构建

美欧等西方国家已率先启动云计算产业布局，抢抓发展先机。美

---

* 许智鑫，博士，国家工业信息安全发展研究中心软件所工程师，主要从事新一代
信息技术、人工智能大模型生态等领域研究；闻书韵，国家工业信息安全发展研
究中心软件所工程师，主要从事基础软件、新一代信息技术等领域研究。

国自 2010 年开启"云优先"（Cloud First）战略，指导云计算产业均衡布局，以 Facebook、高盛、辉瑞、爱立信等为代表的互联网、金融、医疗、电信行业巨头共同发力，逐步在全球范围内构筑起基于美系云厂商的云产业生态。① 2022 年 12 月 7 日，美国国防部与谷歌、甲骨文、亚马逊和微软签订五年期 90 亿美元云服务合同，通过融合多个厂商云计算技术打造联合作战云能力，进而为各行业企业提供全球可用云服务。② 欧盟加速构建云基础设施，以云计算战略实现数字主权自主，德法等国率先启动本国"可信云"，随后欧盟将云计算列入《欧洲的数字主权》和《欧洲 2020 战略》等顶层规划，云计算成为欧盟共同数据空间的重要支柱。此外，日本"智能云计算战略"、韩国"云计算全面振兴计划"等形成了云计算国家战略，以此统筹本国云计算产业发展。我国云计算产业起步时间与各国基本一致，云计算行业从"十二五"开始成为国家重点发展任务，但尚未形成云计算产业专项政策。

（二）国外云服务龙头均衡布局，我国 SaaS 应用面临发展瓶颈

国外云计算服务模式布局较为均衡，但我国云服务发展更多侧重于 IaaS 领域。美国政府侧重于 IaaS 等基础设施构建，培育了亚马逊、微软、谷歌等云平台龙头企业，美国产业侧持续推动 SaaS 服务发展，基于云平台孵化 Salesforce、Slack、Zoom、Squarespace、Datadog 等千亿级云服务企业。相较之下，我国云计算产业生态布局尚不均衡，虚拟机、云存储、CDN 等低利润 IaaS 服务占我国云服务总体收入的

---

① 《云计算二十年简史》，https：//mp. weixin. qq. com/s/waBqeUiH1E0rT114QzfnNw。
② 《亚马逊、谷歌、微软和甲骨文拿下五角大楼 90 亿美元云计算合同》，https：//mp. weixin. qq. com/s/AJdeT70oY7-olG-mb80Kew。

75%，大数据、数据库、人工智能、微服务、中间件等创新 PaaS 及 SaaS 云服务占比低，云平台、SaaS、云上开发者、云维护等配套产业尚处于起步阶段。美国加速占据 SaaS 服务优势地位，我国 SaaS 服务面临发展瓶颈。SaaS 服务承载行业应用，其应用范围和产业效益代表云计算的使用深度和成熟度，因此近年来，美国将云计算产业发展重心从 IaaS、PaaS 层转向 SaaS 层服务，力争占据云计算产业链中高价值、高利润的关键环节。虽然我国云计算 IaaS 层发展基础已较成熟，但 SaaS 行业应用水平参差不齐，云服务应用集中于游戏、电商、视频等互联网领域，占总体用云量 65% 以上。[①] 此外，囿于安全审计、资产保值考核等多重因素，我国传统行业云应用总体倾向于自建、自维、自用，在政府以及教育、金融等行业中，云服务采购和应用接受度仍不高。

（三）企业云安全议题日益凸显，我国云安全体系尚需完善

云安全始终是云计算产业的痛点问题，由于云集中化而非离散化的形态特征，其承载着庞大的数据而从数量和规模上更容易成为网络攻击的目标。为此，美国在奥巴马政府期间便不遗余力地推动"Trusted Cloud"（信任云）计划，在用户隐私保护、信息安全保障、基础设施构建、数据开放共享等方面制定了一系列产业政策和标准规范；拜登政府于 2021 年签署的《改善国家网络安全行政令》要求美联邦政府的 IT 技术应用向云迁移时采用零信任架构以提升云安全防御能力，这些措施为美国推动云计算产业高速发展奠定了安全基石。[②] 近年来，随着云原生等新技术发展，云环境面临更加多样化的

---

① 《2022 年中国云服务行业应用白皮书》，https：//mp. weixin. qq. com/s/p_jlxYkr5JL8A34OxoLcSA。
② 《前沿 | 拜登政府〈改善国家网络安全行政令〉简析》，https：//mp. weixin. qq. com/s/PUJgX7G0-hUPEImjK2Y-0w。

攻击手段。2020 年 Azure 用户因 Kubeflow 未授权访问漏洞被部署恶意容器，利用容器、微服务等新技术发起网络攻击，导致企业资源暴露面增加。为了更好应对当下云安全风险，2022 年 12 月，亚马逊公司在全球大会上围绕数据和安全发布多款产品和服务，包括面向容器内部具有安全检测、威胁响应功能的 Amazon GuardDuty，能够全面管理和分析跨区域安全数据的 Amazon Security Lake 等，表明美国云计算龙头企业已将数据安全作为下一步推动云计算发展重点战略之一。[①] 我国在云安全法律法规层面取得重要进展，形成了《数据安全法》《云计算服务安全评估办法》等完善的制度性要求，但尚未建立完善的云安全体系。

二 我国软件产业推动云计算高质量发展的战略机遇

（一）锻造长板，以点带面，以云原生推动软硬件开发模式重塑创新

随着云计算基础设施布局逐步完善，以云计算为核心的新型云服务体系正在加速形成。云原生作为云计算时代诞生的技术内核，已成为企业加速数字化转型、实现高效技术创新的最佳技术支撑。Gartner 研究数据显示，2021 年 40% 的数字化创新以云原生平台为基础，到 2025 年这一比例将增长到 95%。[②] 云原生正席卷全球科技产业，成为应对国际形势和市场需求的不二选择。我国云服务商在云原生的核心

---

① 《亚马逊云科技 2022 re：Invent 大会四大关键词：芯片、Serverless、数据、行业》，https：//mp. weixin. qq. com/s/AWuj78smxuGFt_ C4ak-ByQ。
② 《「创新」与「精益」，企业如何从云上要价值?》，https：//mp. weixin. qq. com/s/aSJqnidRVNyOcA9LM-TSTg。

赛道中占据了重要地位，技术实力跻身世界前列。依托互联网平台经济的快速发展，我国大型公有云厂商、IT服务供应商与创业企业纷纷在云原生方向发力，不断采用云原生技术来构建创新解决方案，形成了支撑应用实现全生命周期云原生化的完整技术链。云原生作为一种全新的技术体系，为我国软件产业发展带来新一轮技术变革。云原生重构了软件与信息技术服务的开发模式。我国软件产业发展可以借助云原生领域具备的系统化和先进性的技术能力，将软件从传统的上下游生态兼容适配中解放出来，实现对原有软件产业链的整合和重塑。

（二）便捷开发，高效部署，以云计算发展激发软件产业转型变革

以容器、微服务、DevOps等为代表的云原生技术深刻改变了软件开发和运维模式，打破了传统开发模式的局限，提高了软件产业整体开发水平，有效释放我国软件创新发展动能。在研发供给方面，便捷高效的开发运维模式为更大范围的软件开发者带来创新能力，缩短软件研发生命周期。云服务平台通过提供基础架构，依托大量的开源软件和低代码开发组件，使用户仅通过拖、拉、拽等操作便能选用技术组件、快速搭建各种适用于PC或移动端的管理系统，降低了软件开发难度以及出现人为错误的可能性，使更多用户能够参与到基于云平台的软件开发过程中。同时，云计算技术促使软件架构从过去的主机架构迁移到Serverless（无服务器）架构，帮助开发者专注于系统设计和业务创新，提高软件应用创新效率，缩短软件产品研发周期，进一步释放软件产业创新活力。在应用支撑方面，灵活的部署和运维方式提升了用户单位的应用体验和便捷性，更好地支撑用户单位完成二次开发，实现业务的稳定运转。云计算技术重构了一个高效的部署运维环境，这种便捷的开发模式将云上技术产品更好赋能用户单位，

以此弥补用户单位专业技术人才缺口问题，帮助其更好地实现信息系统的稳定运行和可靠更新，全面降低用户单位软件开发运维难度。借助云原生等新一代云计算技术优势，我国云计算产业的发展将全面激发软件产业转型变革，进一步释放软件产业的发展空间。

（三）数据海量，场景多元，以 SaaS 模式更好打造云计算供给侧市场

随着我国企业数字化转型需求的增多以及信息服务的细分化，云计算从 IaaS、PaaS 持续向 SaaS 领域深化发展。SaaS 是软件交付模式的全新变革，能够以更加快捷、高效的方式助力产业数字化转型升级。我国爆发式增长的海量数据，以及大数据、人工智能等技术的发展，持续推动国内大型企业重新构建 IT 系统。在全行业数字化转型的浪潮下，各类应用场景不断涌现，需求侧对灵活便捷的软件开发运维模式提出了更高要求，这为"软件即服务"模式的落地实施提供了广阔舞台。SaaS 将会成为未来软件应用和销售的主要模式之一，软件商的 SaaS 模式转型是软件产业升级的重要推动力。SaaS 从根本上冲破了传统的软件行业的销售模式和盈利模式的束缚，跨越软件产业现阶段在操作系统、数据库等领域的短板弱项，全面带动软件产业发展。依托多元化场景，SaaS 模式将拓展软件行业边界，不断吸引软件企业投身于 SaaS 赛道，拉动完善云计算供给市场，催生出新的软件巨头企业，为软件产业变革提供全新的发展机遇。

三　推动云计算高质量发展的措施建议

（一）强化技术创新，突破关键软件瓶颈

一是支持云计算企业联合开展底层技术攻关。鼓励国内企业与高

校、科研院所、用户单位等优势力量协同推进技术攻关工作，加大芯片、虚拟化技术、云操作系统、云基础设施处理器 CIPU 等前沿技术研究攻关。积极发展容器等新型虚拟化技术，面向大规模数据处理、内存计算、科学计算等应用需求，持续提升超大规模分布式存储、计算资源的管理效率和能效管理水平。二是支持构建云计算开源生态体系。支持企业、研究机构、产业组织参与主流开源社区，利用开源社区技术和开发者资源，提升云计算软件技术水平和系统服务能力，引导企业加强云计算领域的核心专利布局。三是推动云计算技术与新兴技术融合应用。推进云计算、数字孪生、大数据、人工智能、区块链等技术的融合创新，推动"云计算+渲染"让数字孪生从科幻进入现实，开展"云计算+深度学习+海量数据"提升机器学习能力，推进"云计算+区块链"实现更加安全可靠的数据存储。

（二）推动行业应用，支持 SaaS 服务发展

一是以行业云为抓手推动应用落地。深入推进工业云应用试点示范工作。支持骨干制造业企业、云计算企业联合牵头搭建面向制造业特色领域的工业云平台，汇集工具库、模型库等资源，提供在线虚拟仿真、协同研发设计等类型的云服务。二是大力支持 SaaS 服务发展。开展优秀 SaaS 产品及服务解决方案征集，强化高质量 SaaS 应用供给。完善 SaaS 服务开发生态，鼓励企业加大 SaaS 产品及服务的采购和使用。利用国际开源社区带动我国云计算产业发展，加大力度培育云计算 SaaS 服务骨干企业。三是"产教融合"为产业发展提供长期智力支撑。加快云计算职业培训机构和实训基地建设，建立和完善云计算职业培训教材和课程认证体系。通过"产教融合""引企入教"等方式，支持云计算企业深度参与高校教育教学改革，将产业实际需求深度融入应用型人才培养环节，实现云计算产业人才供给能力的全面提升。

（三）完善标准体系，构建云安全体系

云计算是数字经济时代政企的数字底座和数据计算中枢，云的安全性关乎"上云用云"信息系统和数据的安全性，已成为政企"上云用数"的先决条件，云的安全构建和应用发展处于同等重要的地位。云安全不是纯粹的技术问题，只有通过云安全技术、服务和管理的互相配合，形成共同遵循的安全规范，才能营造保障云计算健康发展的可信环境。一是完善我国云安全测评认证体系，突出软件开源治理和可信供应链要求，搭建上下游评测认证服务体系。二是建立我国云安全责任共担模型，依据服务特性，识别和划分服务商侧和用户侧安全责任，并切实承担服务商侧相关责任。与安全厂商联合建立完善的云安全服务生态，加强资源共享与优势互补，提升云安全保障能力。三是面向业务上云场景和新型云服务形态制定云安全标准规范指南指引，鼓励云服务商增强云平台安全建设水平和安全管理机制，同时鼓励客户积极应用云安全能力，从供需两端推动云安全产业健康发展。

B.20
我国 Web3.0产业发展路径研究

杨梦琦*

摘　要：　Web3.0经过多年发展逐渐走向成熟，在加密资产监管不断完善、数字资产市场回归理性的同时，呈现开源发展、脱虚向实等趋势，也面临数据安全等合规问题。在当前 Web3.0产业发展形势下，结合我国在安全监管、产业升级等方面的需求，应在强化公有链技术研发能力的同时选择以开放联盟链为主、开源闭源相结合的技术路径，并发展以实体经济、公共服务等领域为主的非金融应用。同时，应从技术攻关、行业应用、产业生态、监管机制等方面发力，更好应对我国 Web3.0产业面临的机遇和挑战。

关键词：　Web3.0产业　区块链　数字经济

Web3.0将对未来科技和产业发展以及社会经济形态带来变革性影响，已经获得世界主要国家和地区的高度关注并展开战略布局，我国也具有良好的 Web3.0技术基础与丰富的应用场景储备。在技术持续迭代、应用不断创新、监管仍面临不确定性等背景下，明确发展路径对于国内 Web3.0产业健康有序发展十分关键。本文通过梳理当前 Web3.0产业现状，了解发展需求与未来趋势，分析我国 Web3.0产业发展路径，并提出发展建议。

＊　杨梦琦，国家工业信息安全发展研究中心软件所工程师，主要从事区块链、Web3.0、元宇宙等领域研究。

一 Web3.0产业发展逐渐走向成熟

（一）加密资产监管不断完善，但合规问题仍需持续关注

各国家和地区不断完善监管机制，严格控制加密资产风险。美国要求金融稳定监督委员会负责识别和减轻数字资产带来的系统性金融风险，并制定适当的政策建议以修补监管漏洞，其各州也在不断推动相关法规完善。欧盟签署加密资产市场法规，旨在建立欧盟内部统一、透明的加密货币监管标准和要求。新加坡宣布建立稳定币监管框架，要求发行方满足价值稳定性、最低资本等要求。中国香港通过《2022年反洗钱和反恐融资（修正案）法案》，并于2023年6月正式实施全新的虚拟资产服务商发牌制度。

然而，Web3.0应用仍有知识产权、数据安全等其他合规风险。知识产权方面，NFT的铸造者可能并未取得所对应作品的著作权授权，该NFT的流转、售卖可能面临侵权风险，该类事件中个人、平台等各方主体的责任有待进一步明晰。数据安全方面，主要包括链上数据的数据跨境问题、区块链基础设施运营方对于数据安全的责任等。上述问题相关法律法规仍待完善，公有链责任主体难于辨识的特点也造成监督与执法工作难以进行。

（二）扩容技术快速发展，开源成为技术开发新模式

在公有链性能瓶颈日益突出的背景下，扩容技术取得显著进展。Rollup等链外扩容方案通过将各类计算、事务转移至链下以实现区块链数据处理速度的提升，在近年来得到广泛应用与认可。2022年兴起的RaaS（Rollup即服务）项目则通过将已有的技术进行整合与封装，使用户可以便捷、灵活地部署扩容方案，并推动单链生态逐渐发

展为更加开放、标准化、链间资源和信息共享的平台型或基础设施产品。

开源是软件开发新范式，也将成为 Web3.0 发展的必争之地。Web3.0 基础设施代表性项目以太坊即开源项目，Base、dYdX Chain 等知名项目也在 2023 年宣布开源。我国开源区块链技术也在近年来发展迅速，FISCO BCOS 开源生态圈已汇聚超过 10 万个人成员并拥有超过 500 名核心贡献者[①]，长安链应用覆盖政务、金融、跨境贸易、城市治理、食品安全等涉及国计民生的重要领域，并在德国、日本、美国等 15 个国家布局国际节点[②]。

（三）数字资产市场回归理性，脱虚向实成为发展导向

随着 Web3.0 从"创新启动阶段"走向"创新泡沫阶段"，数字资产市场也逐渐回归理性。加密货币方面，全球 2023 年最高总市值为 1.3 万亿美元，已经连续两年下降（2022 年、2021 年分别为 2.4 万亿美元、2.97 万亿美元）[③]。NFT 方面，2023 年 NFT 全年销售额为 87 亿美元，较 2022 年减少 63.35%[④]。国内数字藏品业务增长趋势也自 2022 年 5 月以来逐渐放缓，甚至出现滞销现象。

与此同时，Web3.0 应用的脱虚向实成为大势所趋，主要体现在非金融类应用的增加与 RWA 的快速发展。公有链上金融类应用从

---

① 《FISCO BCOS 开源六周年成绩单 | 六年共生共进 缔造雨林生态》，https：// mp. weixin. qq. com/s/VVxRQaRJrwqZqOIgzpN3bQ。
② 《长安链协作网络扩至四大洲 15 国，助我国企业高质量参与国际分工》，https：//mp. weixin. qq. com/s/y43sERoA1h EqkZFqEWUv-w。
③ 《2023 年全球 Web3 行业安全研究报告》，https：//mp. weixin. qq. com/s/ G09px9 q6yKiaqJV9p224LQ。
④ 《2023 年全年 NFT 销售额共计 87 亿美元，较去年减少 63.35%，竞争格局加剧分化》，https：//new. qq. com/rain/a/20240102A05EL800。

2019 年超过 80% 降至 2022 年的 33%[1]，从具体类型上看，除相对成熟与普及的游戏、社交外，科研、版权等其他非金融类新业态也不断出现。RWA 是 2023 年 Web3.0 的主要热议话题之一，其将法币、贵金属乃至债券、房地产、知识产权、碳信用凭证等资产的所有权价值和相关权益转换为数字代币，为 Web3.0 支撑实体经济发展提供了新的思路。

二　探索我国 Web3.0 健康有序发展路径

（一）加快形成兼顾创新与监管、促进实体经济与公共服务发展的 Web3.0 产业路径

政策对金融、知识产权、数据安全等方面的监管，当前的技术发展基础，技术在性能等方面的发展需求与未来趋势，以及应用的发展潜力均可对 Web3.0 产业发展造成重要影响。从 Web3.0 产业发展路径的具体表现形式上看，可包括传统联盟链、公有链等不同技术路线以及藏品、社交、工业等不同应用路线[2]，其中技术路线可能采取开源、闭源两种模式。Web3.0 产业路径影响因素与路径表现形式的关系如图 1 所示。

1. 以开放联盟链为主流技术路线

公有链由于承载海量交易与快速更新的各类应用，在发展过程中对性能、可扩展性的要求快速提高，相比联盟链更加利于促进技术创新，但其加密货币应用、节点自由出入等特征带来了特有的安全与监管问题。开放联盟链一方面可吸引更多个人与中小企业参与应用开发

---

[1]　孙曦：《海外区块链产业发展观察》，《数字科技观察》2022 年第 10 期。
[2]　种法辉、杨梦琦、赵哲：《中国 Web3.0 产业发展路径分析》，《中国科技信息》2023 年第 23 期。

路径影响因素　　　　　　　　路径表现形式

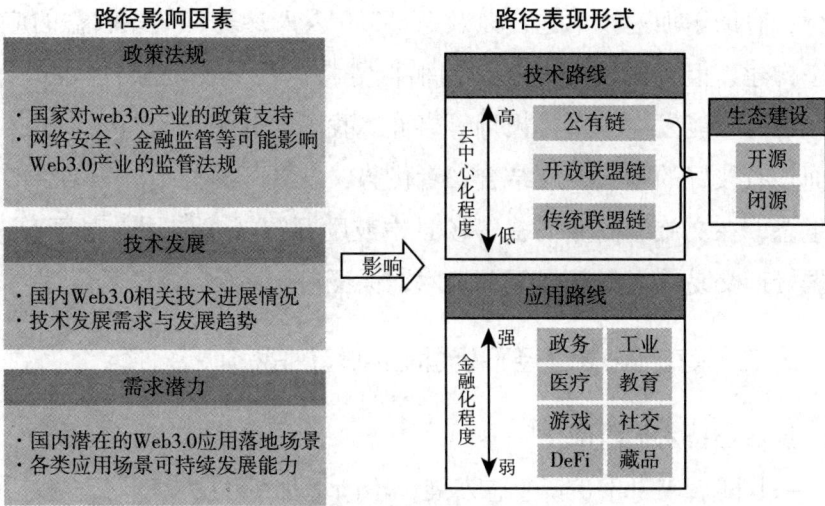

图 1　Web3.0 产业路径影响因素与路径表现形式

资料来源：国家工业信息安全发展研究中心。

与生态建设，另一方面易于明确技术平台方、用户方等责任主体，便于进行监管，其应用成本也显著低于传统联盟链。我国应以开放联盟链作为落地推广的主流技术路线，同时加强公有链技术研发以保证技术水平先进性。

2. 以非金融为主发展行业应用

一方面，DeFi、数字藏品等金融化应用存在传销、诈骗、洗钱等犯罪风险，引发监管挑战，也面临金融泡沫的问题；另一方面，Web3.0 应用只有与实体经济、公共服务紧密结合方能可持续发展，RWA 的快速发展也表明了链上资产离不开现实世界价值的支撑。我国应以传统行业的数字化转型为契机，深入挖掘产业数字化过程中的潜在应用场景，推动公共服务的数字化、便捷化发展，抢抓创作者经济风口，发展非金融 Web3.0 应用。

3. 发展开源与闭源相结合的技术生态

开源技术为全球范围的开发者提供了技术创新与应用开发的广阔

平台，有助于加速技术迭代以及 Web3.0 人人参与、共享收益的应用生态构建，但代码公开、参与门槛低等特点使其更易于遭受技术攻击，也有可能发生删库、投毒等事件。我国在开源与闭源区块链技术方面均有较好的基础，应结合二者优势，发展开源与闭源相结合的技术生态，在文旅、商业消费等场景中鼓励开源技术应用，对于政务、数据资产交易等场景选择闭源技术，保证信息基础设施安全。

（二）有序发展路径下仍面临风险挑战

1. 底层技术仍需优化

一是随着 Web3.0 新业态发展，不断增加的大规模节点、多用户协同、链上链下互操作等需求对区块链基础技术提出新的挑战。二是区块链与人工智能等技术的融合尚处于发展早期，融合过程中不同技术之间的兼容适配问题尚缺乏关注。三是不同开放联盟链由于监管治理方式不同，难以形成统一的监管标准，也造成跨链监管困难，亟须构建允许开放参与、生态互通又符合监管要求的区块链底层架构。

2. 应用场景有待发掘

虽然 Web3.0 应用已呈现多样化发展的趋势，但教育、政务、工业等领域的应用仍处于发展初期甚至仅停留在理论设计阶段，各行各业的潜在用户方对于 Web3.0 的认知也极为有限。利用 Web3.0 赋能实体经济数据要素流通，提高公共服务均衡化优质化水平，促进新型消费发展的具体模式需要加强探索。

3. 产业生态尚需培育

一方面，国内区块链基础设施建设缺乏统筹，各城市、行业以及技术厂商建设的底链技术标准不统一、数据不互通，碎片化的生态带来"链孤岛"问题，也造成资源浪费；另一方面，国内区块链开源项目相比 Fabric、以太坊等国外项目影响力仍然有限，开源与闭源相结合的基础设施生态如何构建也需要大量探索。

4.监管机制尚未完善

非金融 Web3.0 应用仍然给监管带来挑战，如数据价格形成机制、数据和数字资产定价细则仍有较大完善空间，去中心化自治组织（DAO）的法律定性及合规化发展问题需要探究。同时，由于去中心化应用程序（DApp）责任主体难以确定、链上数据不可修改，链上有害信息监管技术成为确保开放联盟链生态安全的必然需求。

三　多措并举推动 Web3.0健康有序发展

一是加强技术攻关。聚焦共识算法、智能合约、跨链、预言机、可扩展协议、分布式数字身份等 Web3.0 关键技术创新，推动区块链与人工智能、云计算、边缘计算、虚拟现实等新一代信息技术融合发展，研究兼具公有链开放特性与联盟链易监管特点的区块链技术架构，构建高性能、可扩展、易监管的 Web3.0 基础设施底座。加强资产追踪溯源技术、内容屏蔽技术等区块链安全监管技术研究，并通过具体监管场景应用对监管科技进行迭代优化。

二是推动行业应用。聚焦制造、文旅、政务等实体经济与公共服务领域，探索并遴选一批高价值、可持续的 Web3.0 应用场景，鼓励创作者经济发展。支持各地数据交易所利用区块链技术打通重点行业、重点领域各主体平台数据，探索机构和个人 Web3.0 数字身份认证和数字资产管理体系，建立数据治理和交易流通机制，深化数据要素市场化配置改革，形成可复制可推广的典型示范。

三是培育产业生态。推动建设具有国际影响力的开源社区，广泛汇聚全球开发者和用户资源，打造开放、共享的创新生态。加强 Web3.0 标准工作顶层设计，明确标准化工作重点方向和实施路线，推动互联互通的 Web3.0 技术生态建设，探索开源闭源相结合的技术生态构建模式。通过相关协会组织搭建技术和产业应用交流平台，开展各种交流、展示、展销、推广、培训活动。

四是健全监管机制。探索建立监管沙箱，研究沙箱准入准出机制，在可控环境下试验新型区块链底层平台、数字资产二次交易、DAO组织等应用场景。探索建立Web3.0合规治理体系，研究分散决策和治理模式下的数据安全风险与治理机制，建立稳健的社区参与机制，提升数据安全治理能力和个人信息的保护水平。

B.21
隐私计算助力数据要素安全流通

张 畅 陈 榕*

摘 要： 近年来，数据已经成为关键生产要素，是影响未来发展的关键战略性资源。在政策利好下，我国数据要素产业高速发展，但在数据的融合共享、跨境流动等方面仍存在数据泄露与滥用等风险隐患。隐私计算技术作为打破数据孤岛的技术突破口，得到了进一步的支持与发展。为了解决隐私计算在应用实践中面临的技术、安全与合规等挑战，建议对我国隐私计算产业加强政策支持、提高平台协同性、完善体系建设、推动生态完善。

关键词： 数据要素 数据流通 隐私计算

一 我国数据要素产业发展情况

（一）我国高度重视数据要素市场建设

近年来，随着我国数字经济飞速发展，数据已经成为关键生产要素，是影响未来发展的关键战略性资源。国家密集出台多个政策文件，推动数据要素市场培育。2022 年 12 月，数据要素顶层框架性文

---

* 张畅，国家工业信息安全发展研究中心软件所助理工程师，主要从事基础软件产业发展等领域研究；陈榕，国家工业信息安全发展研究中心软件所助理工程师，主要从事开源、基础软件、新一代信息技术等领域研究。

件《关于构建数据基础制度更好发挥数据要素作用的意见》（简称"数据二十条"）① 初步构建起数据基础制度体系。之后，《关于促进数据安全产业发展的指导意见》②、《企业数据资源相关会计处理暂行规定》③、《关于加强数据资产管理的指导意见》④、《"数据要素×"三年行动计划（2024~2026年）》⑤ 等文件相继发布，从数据安全保护、数据资产治理、数据融合与应用场景等多方面逐步细化数据要素市场发展规范。2024年两会期间，政府工作报告⑥提到，要健全数据基础制度，大力推动数据开发开放和流通使用；推动解决数据跨境流动等问题。同时涌现出多份更为具体的数据要素相关提案，推动数据要素市场建设进一步落地。

（二）我国数据要素产业在政策积极支持下高速发展

在产业规模方面，我国已在全球数据交易市场中占据重要地位，且增长空间广阔。根据《2023年中国数据交易市场研究分析报告》⑦，2022

---

① 《中共中央　国务院关于构建数据基础制度更好发挥数据要素作用的意见》，https：//www.gov.cn/zhengce/2022-12/19/content_5732695.htm。

② 《工业和信息化部等十六部门关于促进数据安全产业发展的指导意见》，https：//www.miit.gov.cn/zwgk/zcwj/wjfb/yj/art/2023/art_a8ef4985d9834d11a5b5495574e60480.html。

③ 《财政部关于印发〈企业数据资源相关会计处理暂行规定〉的通知》，https：//www.gov.cn/gongbao/2023/issue_10746/202310/content_6907744.html.

④ 《关于印发〈关于加强数据资产管理的指导意见〉的通知》，https：//www.gov.cn/zhengce/zhengceku/202401/content_6925470.htm。

⑤ 《国家数据局等17部门联合印发〈"数据要素×"三年行动计划（2024~2026年）〉》，https：//baijiahao.baidu.com/s？id=1787165069752643950&wfr=spider&for=pc。

⑥ 《两会受权发布｜政府工作报告》，https：//baijiahao.baidu.com/s？id=1793327644772425575&wfr=spider&for=pc。

⑦ 《中国数据交易市场研究分析报告（2023）》，https：//m.163.com/dy/article/IKQ459U S0511A72B.html。

年我国数据交易行业市场规模为 876.8 亿元，占全球数据交易市场规模的 13.4%，2025 年有望达到 2046.0 亿元。在生态建设方面，我国的数据要素基础设施不断健全，数据产业生态持续向好。目前，全国已布局 10 个国家数据中心集群；北京、上海、广州、深圳、杭州等城市均成立数据交易所，并积极建设国家级数据交易所；上海、浙江、山东、广州等多省市合作启用数据交易链，开展制度共创、标准共制、数链共推、服务共享、生态互联等工作；20 余家省级数据管理机构已经成立，探索不同的数据授权运营模式。[①]

（三）数据要素在流通环节仍遇困境

在数据要素市场建设的过程中，如何促进数据高效流通以充分释放数据要素价值，成为备受关注的一个焦点。如果数据不能被安全合规地流通和使用，其价值就难以实现。[②] 当前，数据要素在融合共享、跨境流动等方面面临诸多问题，数据存储、计算、传输及内部安全运维过程中都存在数据泄露、滥用等风险隐患，数据权益与安全缺乏保障，市场主体顾虑重重，导致"数据孤岛"现象严重，极大制约了数据要素产业的发展。[③] 如何实现"数据可用不可见"，保护数据隐私与安全，成为数据交易亟须解决的一大要点。而隐私计算技术可以在数据流通和计算时对数据进行加密，从而保障数据信息安全和个体隐私，是打破"数据孤岛"的技术突破口，也因此愈发受到重视。

[①] 《超 20 家省级数据局成立，地方数据管理机构调整提速》，https://www.yicai.com/news/102002370.html。

[②] 《隐私计算，真的是解锁数据要素流通的钥匙吗？》，https://baijiahao.baidu.com/s? id=1716635776144646969&wfr=spider&for=pc。

[③] 《我国数据要素流通的现状、困境与解决思路》，https://gat.zj.gov.cn/art/2023/1/17/art_1229442538_59088887.html。

二 隐私计算的发展与问题

（一）隐私计算技术期望趋向"冷静期"，数据政策为市场注入新动能

隐私计算技术崛起已久，自 2000 年后逐渐由理论走向实践。2016~2021 年，我国资本市场对其热情高涨，推动了以金融行业为代表的技术服务平台建设与试点应用推广。2021 年后，受到资本市场投融资降温影响，隐私计算市场增速逐渐放缓。根据艾瑞咨询的测算，2022 年，隐私计算市场规模约 12.5 亿元，主要由基础产品服务采购贡献；2023 年市场规模增速有所回落，市场规模约达 21.9 亿元。国家政策支持力度不断加大，应用场景逐步深化。2022 年 12 月，"数据二十条"明确提出建立公共数据授权确权机制。2023 年以来，各省市不断出台相关政策，加强所在地区的平台建设与实施应用。当前，隐私计算应用已覆盖金融、政务、通信、互联网、医疗等多个领域，并逐渐向能源、工业、教育、广告等新兴领域扩展。相关数据显示，2019 年至 2022 年上半年，金融、通信、政务、医疗、互联网、能源领域隐私计算需求分别占 53%、17%、13%、9%、5%、3%。[①]

（二）在应用实践中，隐私计算行业仍面临多重挑战

从技术层面来看，卡点问题严重制约产品落地应用。一是计算性能难以支撑大规模数据处理需求。隐私计算通常涉及复杂的密码学操作，部分隐私计算技术涉及多方密文计算和网络通信，在保障计算准

---

① 《隐私计算助力数据"开放流通"与"合规安全"》，https://baijiahao.baidu.com/s?id=1740829101057468320&wfr=spider&for=pc。

确性和提升数据隐私安全性的同时，性能相比明文计算有明显降低①。这可能导致计算速度偏慢，难以支撑大规模数据训练和处理的需求，特别是对于涉及高敏感、高安全登记数据的业务场景，其计算耗时远高于业务时效性要求。二是平台间互通性瓶颈凸显，兼容适配难题亟待攻克。在推广隐私计算落地应用的过程中，由于不同技术厂商在产品设计原理和功能实现方面存在较大差异且缺乏统一的标准，不同的隐私计算技术平台之间缺乏互联互通和可操作性，② 使各家技术难以相互连接和整合。尤其是在自主发展进程提质增速阶段，用户通常需要付出极高的沟通成本来攻克产品选型难题，甚至需部署多套产品进行逐一适配，造成重复建设。

从产业层面来看，产业侧面临结构性供需失衡。一是产业基础发展相对薄弱，存在安全信任等共性问题。一方面，各家企业考虑到安全性和知识产权的问题，除了一些开源组件，可能不会公开其他底层协议，这带来了协议不透明、安全性难审计的问题；另一方面，产业发展缺乏相关审计机制，隐私计算产品自身可能存在潜在的安全漏洞风险，难以获得市场的充分信任。二是产业配套服务尚不完善，隐私计算面临法律合规困境。随着数据隐私保护意识的提高，各国纷纷出台相关法律法规，对数据处理、使用和保护提出了严格的要求，然而相应的实施细则和指南③仍未出台，隐私计算落地缺乏指导参考。隐私计算作为一种新兴技术，在保护数据隐私的同时，需确保其应用的合法性和合规性。然而，隐私计算的应用需遵守个人信息保护法、数

---

① 广西壮族自治区大数据研究院：《运用隐私计算技术破解数据共享开放困局的思考》，http：//gxxxzx.gxzf.gov.cn/jczxfw/dsjfzyj/t11799330.shtml。

② 《隐私计算技术存痛点：生态壁垒、法律合规问题待解决》，https：//mp.weixin.qq.com/s/0Wy9k5AUfGPCOqHxgKyneQ。

③ 《隐私计算：数据乌托邦的现实之境》，https：//baijiahao.baidu.com/s？id=1703796735334997125&wfr=spider&for=pc。

据保护法、网络安全保护法等相关法律法规，在跨境数据流通中还需满足不同国家、地区法律监管要求，合规问题阻碍了隐私计算大规模应用。三是商业模式不清晰，难以形成规模化应用。从目前来看，供给侧存在技术产品研发与应用需求结合不够紧密的问题，缺乏既有客户的标杆案例。对用户而言，隐私计算固然能保护数据、提升合规性，但缺乏相关案例类比，无法有效投射自身的需求。

三　下一步建议

（一）加强政策支持与法律保障，优化隐私计算技术发展环境

一是政策方面加大对隐私计算技术研究与行业发展的资金支持。为隐私计算技术企业和研究机构提供资金、政策等支持，鼓励加大对隐私计算技术研发和应用的投入力度。二是法律法规方面明确隐私计算应用权限与边界。针对数据授权、处理、结果输出等不同阶段完善数据监管与合规机制，健全数据治理体系，细化数据主体的法律权利保障，出台具体的实施规范，为隐私计算应用落地提供进一步指导，实现隐私权与实用性的平衡。

（二）提高不同平台间的协同性，推动技术平台间互联互通

一是加快公共服务平台、技术标准、运营标准等产业配套资源建设。例如，建立第三方数据[①]平台、统一算法底座、制定安全性标准与传输标准等，从通信接口、认证授权、协议规范、应用场景等方面探索实现隐私计算技术跨域交互。二是通过开源提升平台之间的兼容

---

① 《创新隐私计算技术，实现异构平台互联互通》，https://mp.weixin.qq.com/s/2pWgLsn03QdIeAJsYf48WQ。

性和促进安全可信。引导企业参与共性技术、基础模块组件开源研发。培育隐私计算开源社区，孵化一批隐私计算明星开源项目，加深行业协作。

（三）完善隐私计算体系建设，强化数据保护与安全合规意识

一是企业内部需加强全生命周期隐私保护管理。从数据与隐私保护 IT 体系建设、文化与意识和人才培养出发，搭建涵盖隐私保护评估、风险管理、监管与政策响应、合作方管理、考核的全生命周期的隐私保护管理机制，立足企业隐私保护战略，促进企业内部上下运行与监督管理，实现隐私保护工作的可落地、可监督和可问责。二是设立第三方存证、安全评估与可信审计机构，与企业内部的隐私工程管理形成衔接，加大隐私计算体系的安全评估与存证审计力度，弥合技术与法规之间的鸿沟，推进行业在安全可信基础上良性发展。

（四）推动产业生态逐步完善，促进相关多元技术融合发展

一是组织开展多主体技术交流活动。依托行业协会、发展联盟等组织，加强隐私计算类企业与现有的人工智能、云计算、区块链等领域企业的交流。二是提升行业协同攻关水平。支持各领域企业基于数据协同中的重大项目、供需需求组建创新联合体，组织开展联合攻关，形成多元技术融合的解决方案，不断拓展隐私计算技术的应用范围，提升应用实效。

B.22
风险管理护航人工智能产业健康发展研究

郭昕竺 *

摘　要： 近年来，以 ChatGPT 为代表的人工智能在全球掀起热潮，AI 风险管理逐渐成为大国人工智能竞争的战略焦点。本文通过对欧盟、美国、中国等主要国家人工智能风险架构和法律规制的对比分析，厘清人工智能、大数据等新一代信息技术产业风险管理的三大典型特征，围绕加快建立完善我国新一代信息技术风险管理体系提出意见建议。

关键词： 人工智能　新一代信息技术　风险管理　技术风险

2024 年 3 月，欧洲议会正式通过了《人工智能法案》（*Artificial Intelligence Act*），旨在通过立法抢占全球新兴技术风险监管话语权。[①] 近年来，以 ChatGPT 为代表的人工智能在全球掀起热潮，围绕"AI 安全发展"的讨论愈发激烈。

一　风险管理成为大国人工智能竞争的战略焦点

欧美等西方国家最早开始探索建立人工智能领域风险管理体

---

* 郭昕竺，国家工业信息安全发展研究中心软件所工程师，主要从事软件产业政策研究、区域软件产业发展研究。
① 《欧洲议会正式通过人工智能监管法案》，https：//mp.weixin.qq.com/s/BmHeXvhlvPgg2eyoh2pDiA。

系，并在风险架构、法律规制等多方面形成先发优势。在风险架构方面，2023 年 1 月，美国国家标准与技术研究院（NIST）发布《人工智能风险管理框架 1.0》（*AI RMF 1.0*），明确该框架的治理（Govern）、映射（Map）、测量（Measure）、管理（Manage）等四大核心功能，提出在广泛社会规范和价值观下人工智能风险分类的三大特征，并从风险框架、目标受众、风险可信度、有效性评估等方面阐述了人工智能风险管理的主要内容。在法律规制方面，欧洲《人工智能法案》注重风险识别，对不可接受风险、高风险、有限风险、低微风险等四种风险类型提出分类监管要求，明确人工智能供应方、分发方、进口方、部署方或其他第三方在人工智能价值链上的不同责任。同月，由美两党议员组成的立法小组提出《国家人工智能委员会法案》（*National AI Commission Act*），旨在组织建立美国人工智能领域国家委员会，探索制定人工智能监管的全面框架。我国正加速推动建立人工智能风险管理机制，2023 年 4 月，国家互联网信息办公室面向社会公开发布《生成式人工智能服务管理办法（征求意见稿）》，并进入预备提请全国人大常委会审议阶段，预计将成为我国人工智能领域首个产业规范政策，但该文件更侧重于社会公德、公序良俗、数据隐私、产业发展等视角，尚未对人工智能风险管理进行明确规范（见表 1）。

表 1　全球主要国家和地区人工智能风险管理政策对比

关键要素	美国	欧盟	中国
文件名称	《人工智能风险管理框架 1.0》	《人工智能法案》	《生成式人工智能服务管理办法(征求意见稿)》
发布主体	美国国家标准与技术研究院（NIST）	欧盟(EU)	国家互联网信息办公室

续表

关键要素	美国	欧盟	中国
目标受众	AI系统相关方、运营和评估方、外部利益相关方、社会公众	欧盟内：AI系统供应商、投放商、部署方、进口方、经营方等主体（不包括用于低风险AI系统的开源组件）	研发、利用生成式人工智能产品，面向中华人民共和国境内公众提供服务的企业，适用该办法
强制性	★	★★★	★★
风险分类	提出三大分类特征	明确大分类：人工智能系统高风险事故的严重性、强度、发生概率和影响持续时间的综合结果，以及其影响个人、多人或影响特定群体的能力	未涉及
惩治措施	无	极端情况下，违规公司可能被处以高达3000万欧元或公司全球年收入6%的罚款	拒不改正或者情节严重的，责令暂停或者终止其利用生成式人工智能提供服务，并处1万元以上10万元以下罚款等
可信AI	有效和可靠；安全和有韧性；负责任和透明；可理解和可解释；增强隐私；公平—有害偏见管理	人类主体和监督；技术稳健性和安全性；隐私和数据治理；透明度；多样性、非歧视和公平；社会和环境福祉	未涉及

资料来源：国家工业信息安全发展研究中心。

二 风险管理护航新一代信息技术产业化发展

近年来，人工智能、云计算、物联网等新一代信息技术飞速发展，技术创新的"双刃剑"效应使产品供应链威胁、伦理道德冲击、数据信息泄露、算法安全风险等问题加速涌现，一定程度上阻碍新兴技术产业化发展进程。加快构建面向新一代信息技术的风险管理体系，防范和化解技术研发、创新、产业化全生命周期风险，对于保障新一代信息技术产业安全稳定发展、夯实战略性新兴产业发展基础具有重要意义。

风险管理指在风险方面指导和控制组织的协调活动①，主要包括风险要素识别、风险测度评估、风险容忍度分析、风险处置和沟通等部分。总体来看，全球新一代信息技术风险管理具有三大典型特征。一是基于风险识别的"金字塔式"分类监管。传统科技产业政策大多对同一技术采用统一的管理措施，但新一代信息技术大多颠覆性强、相关面广、潜在风险高，必须首先对不同类型风险进行识别分类和测试评估，并采取差异化管理工具，避免"一刀切"式措施对产业发展造成负面影响。例如，欧盟《人工智能法案》将人工智能风险分为不可接受风险、高风险、有限风险、低微风险四类，制定四级基于风险识别的监管方法（Risk-based Approach），也提出根据测试评估的风险水平和潜在影响进行风险优先级排序。二是覆盖技术全流程的"前中后"监管体系。相较于其他产业，新一代信息技术风险贯穿研发、创新、测试、应用、运维等全生命周期，并在不同阶段呈现不同的风险特征。因此，建立涵盖事前、事中、事后各个环节的全流程风险监管体系，对于促进新兴技术健康发展至关重要。例如，美国《人工智能风险管理框架》在经合组织（OECD）对人工智能生命周期分类②基础上，突出强调了人工智能测试、评估、检测和确认（TEVV）过程的重要性。三是兼顾技术发展的内外部影响。一般地，

---

① 定义来源于 2018 版 ISO 31000《风险管理指南》。
② OECD, *Framework for that Classification of AI Systems*（2022）.

风险管理大多只聚焦主体自身风险，但由于新一代信息技术创新应用过程对产业转型、社会福利、生态环境等影响广泛，大数据"杀熟""信息茧房""信息合成"等风险事件此起彼伏，必须在风险测度和评估中纳入外部影响。例如，《信息技术 人工智能 风险管理指南》（ISO/IEC 23894-2023）明确将人工智能后果影响评估分为业务、个人和社会三大部分。

三 加快建立完善我国新一代信息技术风险管理体系

面对复杂严峻的国际形势，应统筹好发展和安全，既大力推动新一代信息技术创新发展，又加快统筹布局新一代信息技术风险管理体系，打造繁荣安全稳定的产业生态。

（一）坚持系统思维完善风险管理体系

完善新一代信息技术风险管理顶层政策设计，科学论证建立新一代信息技术风险管理架构，探索形成全面高效、安全稳定的风险监测预警和管理处置流程规范。探索建立适应我国经济、技术、产业发展阶段，符合我国新一代信息技术产业化发展需求的风险监管机制。

（二）坚持创新驱动夯实产业安全底座

聚焦解决新一代信息技术研发创新、测试验证、产业化落地等全生命周期风险挑战，建设新一代信息技术风险监测预警综合服务平台，引导行业机构开展新一代信息技术风险评估与风险治理关键技术研究、基础环境建设和示范应用推广。

（三）坚持需求导向强化风险监测治理

加快建立新一代信息技术风险检测评估和分类分级标准，常态化发布低风险技术项目清单，支持低风险技术和开源技术产业化落地。引导地方主管部门完善首版次软件保险补偿机制，鼓励金融保险机构创新研制新一代信息技术风险管理工具。

区域篇 ⟆

B.23
京津冀软件园区协同发展研究

张宏妮*

摘　要：　京津冀协同发展战略是党的十八大以来我国第一个国家区域发展战略，十年来，三地在产业协同和创新协作等发展上形成良性互动，区域整体实力迈上新台阶，软件产业高质量发展蹄疾步稳，产业链供应链韧性和安全水平显著提升，引导区域软件产业特色化、差异化发展，有效提升产业集群资源配置和辐射带动能力。未来需进一步落实新发展理念，推动产业合作从一般性产业转移向构建世界级产业集群迈进。

关键词：　京津冀协同发展　软件园区　产业链

---

* 张宏妮，国家工业信息安全发展研究中心软件所助理工程师，主要从事软件产业政策、软件园区等领域研究。

自 2014 年京津冀协同发展上升为国家重大战略以来，三地深入贯彻习近平总书记重要指示批示精神，着力提升产业协同水平，打破藩篱、协同融合，"北京研发、津冀制造"协同模式加速形成，新质生产力加快成长，一批优势产业链和产业集群逐步形成。

一 京津冀协同发展十年结硕果，区域产业布局持续优化

（一）软件产业综合实力显著增强

2024 年正值京津冀协同发展上升为国家战略十周年，京津冀地区"一核两翼"格局日臻完善，经济实力不断增强，成为我国数字经济活力最强的城市群之一。软件作为数字经济关键引擎，已深入渗透至经济社会各领域，成为区域经济增长的有效驱动力。以北京为例，2022 年、2023 年上半年软件产业增加值一度超过金融，成为北京市第一大产业，占全市 GDP 比重超 20%。2023 年，京津冀软件业务收入 2.98 万亿元，同比增长 17.1%，占全国软件业务总收入的 24.2%，其中，北京市软件业务收入 2.62 万亿元，排名全国第一。区别于长三角、珠三角地区的多核心发展，京津冀地区由单核心带动 13 城，互补大于竞争，"北京研发、津冀制造"模式加速形成。数据显示，北京流向津冀技术合同成交额由 2013 年的 71.2 亿元增长至 2023 年的 748.7 亿元，年均增长率 26.5%，河北吸纳京津技术合同成交额成倍增长。①

---

① 《协同发展十年交出漂亮"成绩单"京津冀迈向世界级城市群》，https://www.beijing.gov.cn/gongkai/shuju/sjjd/202402/t20240223_ 3567585.html。

（二）跨区域产业链协同逐步强化

十年来，京津冀三地由产业转移承接向产业链合作转变，结合各自产业优势，共同打造新能源与智能网联汽车、网络安全等 6 条产业链。2023 年 12 月，三地联合主办 2023 京津冀产业链供应链大会，发布"五群六链五廊"的京津冀产业协同发展新图景，首次聚焦产业链供应链开展联合招商，发布跨区域产业链图谱，推出联合场景清单，启动京津冀产业链"织网工程"，搭建三地产业协同推介的新窗口和国内外共话合作发展的新平台。以智能网联汽车领域为例，北京市整车企业充分发挥牵引作用，带动京津冀地区超 600 家主要配套供应商协同发展。十年间，经开区汽车产业工业产值增长约 3 倍，与经开区整车企业有着紧密合作的天津武清汽车产业园，规上工业产值增长超 10 倍。

（三）协同创新能力稳步提升

十年来，京津冀三地产业协同发展不断迈上新台阶，已由疏解存量向共谋增量转变，锻长补短焕发强劲发展新动能。一是集中优势资源开展核心技术攻关。三地集中优势科技资源，围绕基础软硬件等前沿优势领域，开展关键核心技术攻关①。通过设立国投京津冀科技成果转化创业投资基金、建立跨地区的产学研联合创新战略联盟等方式，加快打造协同创新共同体。十年间，协同创新指数从 100 增长到 297.6，京冀、津冀间创新指数的相对差距缩小②。二是推动创新要素

---

① 《北京市人民代表大会常务委员会关于推进京津冀协同创新共同体建设的决定》，https：//www.beijing.gov.cn/zhengce/dfxfg/202312/t20231201_3330895.html。

② 《京津冀协同创新指数（2023）》，https：//www.bjdi.pku.edu.cn/yjzx/zsfb/1374154.htm。

跨区域流动。津冀加强与北京企业总部、金融机构、科研院所等优质资源的对接合作，引导在京优质企业、重大项目和创新资源入驻落户。投资互动和资本要素融合流动进一步增强，北京市京津冀产业协同项目库入库项目 2024 个，总投资约 1.3 万亿元[①]；联想创新产业园、阿里张北大数据中心、河北京车造车基地等一批标志性大项目建成投产。三是特色化突破，打造优势产业集群。三地结合各自优势，不断优化产业发展结构，北京从"大而全"转向"高精尖"，强化自主创新能力，培育新一代信息技术、科技服务业两个万亿级产业集群；天津以"引得来"巩固"发展好"，深耕集成电路、新能源等12 条重点产业链，产业配套完整性竞争力稳步提升；河北用"接得住"实现"升级跳"，牵头绘制了智能网联新能源汽车和机器人两大产业链图谱，大力推动延链补链强链和区域产业协同。

二 新阶段京津冀园区特色化发展再提速

软件园区作为区域产业集聚发展的重要载体，集聚骨干企业和知名产品，汇聚资金、人才、技术等创新要素，在京津冀软件产业发展中扮演着重要角色。

（一）千亿园区瞄准前沿技术，向"新"而行，提升国际影响力

当前，AIGC 产业风头正劲，截至 2023 年 10 月，国内大模型总数达 238 个，其中近五成集中在北京[②]，北京已成为全国"百模大

---

① 《由产业转移承接向产业链合作转变——北京"链长"带动京津冀产业升级》，https://www.beijing.gov.cn/ywdt/gzdt/202403/t20240314_3589183.html。

② 《人工智能大模型"百模大战"北京占"半壁江山"》，https://baijiahao.baidu.com/s?id=1779507863628253144&wfr=spider&for=pc。

战"中大模型的投资热土。作为国内领先的软件园区，中关村软件园在大模型领域已初步形成较为完整的产业链，在数据算力层、基础模型层、垂直模型层各环节均有覆盖，已逐渐发展成为继云计算、大数据等领域后，推动园区整体产业发展的又一个新的增长点，也为加快实施创新驱动策略、支撑北京率先成为国际领先的 AIGC 产业创新中心贡献力量。近年来，园区加速培育新赛道、新业态、新模式、新优势，以百度、科大讯飞、汉王科技、眼神科技等为代表的 AI 企业，涵盖人脸识别、语音识别、生物特征识别等技术领域，加快构建人工智能产业创新高地；以联想、曙光、浪潮为代表的企业，发挥低碳算力优势，积极投入"东数西算"工程；以滴滴出行、易捷行云等为代表的企业积极布局开源生态建设，加速形成开源先行优势。在京津冀协同发展战略布局下，中关村软件园积极延伸创新创业要素，推动区域协同发展，与保定共同打造保定·中关村创新中心，形成以输出管理和品牌运营的轻资产合作的"保定模式"。截至 2023 年底，中关村企业在津冀两地设立分支机构超 1 万家，北京企业对津冀两地企业投资总额 2.3 万亿元，推动企业融入全球产业链，提升京津冀软件产业国际竞争力。

（二）新兴园区外引内培，专注特色产业发展，迸发新活力

随着京津冀协同发展向纵深推进，北京优质资源迅速辐射津冀。背靠中关村的科研资源和创新体系，京津中关村科技城乘势崛起，映射着天津"强身聚核"的发展之路。成立于 2020 年的中国信创谷以信创产业为主攻方向，聚集了以飞腾、麒麟软件、曙光、360 为代表的 1000 余家上下游企业，建设了从 CPU 操作系统、数据库、超算、网络安全到整机终端信创全产品链条，形成了"PKS 信创包"整体方案供给能力。2023 年，园区企业麒麟软件在河北落地"国产操作系统生态适配中心——麒麟软件中心"，助力区域软件产业发展。此

外，麒麟软件在京津两地建立研发团队和适配中心，以安全创新操作系统产品为支撑，筑牢网信基石；主导成立的开放麒麟社区，作为我国领先的开源操作系统根社区，不断推进开源技术创新蓬勃发展，持续推动中国开源快速融入全球开源生态。

作为成立刚满4年的后起之秀，通明湖软件园在产业布局、发展活力方面的独特优势已充分彰显，成为新兴园区典型代表之一。园区以底层技术攻坚为主线，已经初步打通从芯片、存储、整机、外设到操作系统、数据库、中间件、系统集成的基础软硬件产业链，汇聚了以统信、龙芯、东方通、神州数码、太极为代表的行业领军企业近200家，入驻企业年均增速100%以上。同时，园区深化与中关村实验室战略合作，加速国家重大战略任务落地，围绕区域发展中的紧迫重大需求，吸引和集聚全国的优势科研力量开展基础研究，在关乎国家安全的软硬件"卡脖子"环节持续发力，充分展示了新兴园区"专而精""优而美"的独特魅力。

三　蓄势待发，迈入风华正茂新十年

"道阻且长，行则将至。"站在新的起点，京津冀协同发展需要在落实新发展理念、构建新发展格局中承担更多职责使命，推动产业合作从一般性产业转移向构建世界级产业集群迈进。一是瞄准新质生产力塑造区域产业新优势。坚持从全局谋划一域、以一域服务全局，进一步深化产业协同，共谋发展、共建体系、共筑优势，围绕制造业数字化转型需求，加强关键软件发展，紧抓人工智能大模型发展热潮，探索产业发展新范式，着力打造现代化产业体系，合力建设世界级软件产业集群。二是多核心布局明确功能定位。对标珠三角、长三角等多核心区域，发挥龙头企业赋能带动作用，加速培育壮大特色化新兴园区，充分释放自身发展潜力，锻长补短、提质升级，力争成为具有行业竞争力的特色化软件产业"策源地"，助推新型工业化。三是持续推进区域应用场景开放。立足北京创新优势、津冀丰富的应用场景，强化供需对接，引导用户单位与软件企业联合开展试点验证和应用推广，打造软件行业应用标杆，共同把整个京津冀区域软件产业做大做强。

B.24
粤港澳大湾区软件产业集聚发展研究

郭昕竺*

摘　要：　粤港澳大湾区是我国开放程度最高、经济活力最强的区域之一，在国家发展大局中具有重要战略地位。本文通过对粤港澳大湾区软件产业发展基础和集聚发展格局的分析，厘清深圳市和广州市两大区域软件创新引擎的带动作用，梳理深圳湾软件园和天河软件园等对区域软件产业发展的牵引作用，研判得出粤港澳大湾区"深穗创新+港澳应用+区域协同"的软件产业集聚发展格局。

关键词：　软件产业　集聚发展　软件园区　粤港澳大湾区

一　粤港澳大湾区软件产业发展势头正劲

推进粤港澳大湾区建设，是以习近平同志为核心的党中央作出的重大决策，是习近平总书记亲自谋划、亲自部署、亲自推动的国家战略。2019年2月，中共中央、国务院印发《粤港澳大湾区发展规划纲要》，明确提出到2035年形成以创新为主要支撑的经济体系和发展模式，将粤港澳大湾区打造成具有全球影响力的国际科技创新中心，

---

* 郭昕竺，国家工业信息安全发展研究中心软件所工程师，主要从事软件产业政策研究、区域软件产业发展研究。

为区域科技创新发展提供纲领性指引。粤港澳大湾区包括香港特别行政区、澳门特别行政区和珠三角九市①。据世界知识产权组织发布的2023年全球创新指数（GII），深圳—香港—广州地区连续多年位居全球第二大科技集群。以香港、澳门、广州、深圳四大中心城市为核心引擎，粤港澳大湾区着力打造"广州—深圳—香港—澳门"科技创新走廊。

　软件产业是粤港澳大湾区的优势产业之一。广东省软件业务收入规模多年居全国第二位，2023年，全省软件业务收入达19970亿元，占全国的16.2%。作为广东省软件产业发展的双子星城市，深圳市和广州市软件业务收入分别为11636亿元和7169亿元，居2023年全国副省级中心城市第1位和第4位，两地软件业务收入合计占广东省的94.2%，是拉动大湾区软件产业发展的核心引擎。珠海市和东莞市软件产业规模居于深穗两地之后，尤其是东莞市近年来加快软件产业发展，2022年软件和信息技术服务业增长47.4%②，后进发展潜力不断释放。香港基础科研实力雄厚，但尚未形成独立的软件产业集群。2022年12月，香港特区政府发布《香港创新科技发展蓝图》，提出抢抓人工智能等新兴技术发展机遇，发挥大湾区产业互补优势，推动香港新兴产业发展。澳门是粤港澳大湾区的重要中心城市之一，拥有政务、旅游、交通等智慧城市相关领域的丰富应用场景，城市整体数字化水平较高，但缺少具有生态影响力和领军能力的本土软件公司，软件产业发展主要通过场景应用、科创会展等形式实现与内地的互补发展。

---

① 珠三角九市包括广东省广州市、深圳市、珠海市、佛山市、惠州市、东莞市、中山市、江门市、肇庆市。
② 资料来源：《2023年东莞市国民经济和社会发展统计公报》。

二 粤港澳大湾区软件产业集聚发展水平

从产业集聚发展角度看，广州、深圳两地软件产业规模效益和创新水平居领先地位，已成为带动粤港澳大湾区软件产业发展的两大核心。随着粤港澳大湾区一体化发展战略的深入推进，"深穗创新+港澳应用+区域协同"的区域软件产业集聚发展格局将进一步强化。

（一）深穗双子创新引领，打造新兴技术新高地

深圳市和广州市是粤港澳大湾区软件产业创新的重要策源地。2024 年 1 月，工业和信息化部正式公布 2023 年中国软件名城评估结果，深圳市和广州市分别获评三星级、二星级中国软件名城称号，两地在云计算、人工智能、大数据等新兴技术领域汇聚强大创新活力。2022 年，深圳市纳统软件企业数量 1986 家，软件领域创新载体数量 85 家，其中国家级重点实验室 4 个，拥有人工智能与数字经济广东省实验室（深圳）等一批重大创新载体。2022 年，广州市软件和信息技术服务业从业人员总数达到 54 万人，营收过亿元企业超 800 家，为粤港澳大湾区软件产业技术攻关和创新发展提供充足动力。例如，深圳湾软件园依托本地新兴技术优势基础，在新兴平台软件领域形成若干特色集群，孵化出优质明星产品。深城交基于大数据+人工智能打造城市智慧交通大脑项目，中琛源"中琛魔方"为大数据应用提供不同层次的工具支持，微众银行和紫金支点在金融大数据、顺丰科技在物流大数据研用结合方面形成产业优势。通过将顺丰丰景台项目、慧动创想大数据驱动的广告创意内容生产 SaaS 工具平台、思迪信息天启金融大数据应用系统、华龙讯达工业大数据可视化平台等纳入数字经济产业扶持计划产业链关键环节提升扶持计划，加快打造粤港澳大湾区区域新兴技术发展高地。

（二）软硬结合深度赋能，打造工业软件新引擎

粤港澳大湾区是世界制造业重要基地和我国民营经济发展高地，制造业产业基础扎实、体系完备。近年来，区域软件新质生产力加速形成，在推动传统制造业高端化、智能化、绿色化、融合化发展上发挥重要作用。2022年，深圳软件业务收入的50%来自工业企业，嵌入式系统软件占比达到20.2%，华为等5家企业入围工信部2023年"双跨"工业互联网平台名单，华龙讯达等9家企业入选工信部2022年工业互联网平台创新领航应用案例。粤港澳大湾区依托广州天河软件园、深圳软件园等重点软件园区，汇聚华为、腾讯、中兴、百度、字节跳动、金蝶等头部名企，小米、OPPO、vivo等国内智能终端龙头企业的软件研发总部也均设在区域内，软件产业链上下游富集生态深入发展，构建起完备的信创生态，在推动我国制造业数字化转型中发挥领头作用。例如，广州市搭建统信、麒麟两大主流操作系统和鲲鹏、飞腾、龙芯三大主流芯片的基础体系。广州天河软件园加快培育一批具有自主知识产权的工业软件品牌企业，推动广州中望龙腾公司牵头联合多家企业机构组建广东省工业软件创新中心，强化链式攻关协作，引导力控元海公司自研的MES、EMS等产品与国内统信、麒麟、鲲鹏实现认证，赋能珠三角地区传统制造业企业数字化转型发展。

三 推动粤港澳大湾区软件产业发展迈上新台阶

当前，新一轮科技革命和产业变革与我国加快转变经济发展方式形成历史性交汇，应紧抓粤港澳大湾区建设重大国家战略发展机遇，充分发挥大湾区软件产业集群发展优势，培育形成软件新质生产力，发挥深穗双引擎带动作用，推动粤港澳大湾区软件产业发展迈上新台阶。

增强区域核心技术创新实力。聚焦前瞻性、引领性技术创新，立足深穗两地在人工智能、大数据等新兴平台软件以及开源基础软件等领域发展优势，发挥园区产业集聚效应，培育一批具有技术原创力的软件企业，引领大中小软件企业融通发展，打造粤港澳大湾区软件产业创新策源地。

深挖区域制造业智转数改需求。依托粤港澳大湾区制造业产业链齐全、层次丰富、基数庞大的优势基础，深入挖掘东莞、中山、珠海、佛山等在家电、电子、纺织等传统制造业的转型需求，以用促建，链式推进国产软件核心技术攻关，围绕重点行业场景需求推进应用示范，反哺软件核心技术不断迭代升级，形成供需结队、互促互利的良性发展格局。

完善区域软件产业发展环境。持续完善区域软件产业支持政策，加强珠三角九市与港、澳两地软件产业政策协同性，健全软件产业政策保障体系，加大对区域内软件园区的扶持力度，畅通海外高端软件人才回国就业创业渠道。

B.25
软件园区助力长三角软件产业
高质量发展研究

刘　维*

摘　要： 长三角一体化发展上升为国家战略已有五年，软件产业是长三角的优势产业，协同发展成效显著，2023 年长三角地区完成软件业务收入 3.54 万亿元，占全国软件总收入的 28.7%。长三角地区软件产业集聚效应明显，软件园区数量众多，已成为产业高质量集聚发展的重要载体。在推进新型工业化背景下，为更好发挥区域产业带动引领作用，本文对长三角软件产业及软件园区发展现状、特征进行分析。研究显示，长三角软件园区在提升产业链供应链安全方面发挥了重要支撑作用，但各地在关键核心领域协同发展、产业链供应链分工协作、产业生态培育等方面仍需加强，亟须从促进产业深度协同、引导产业特色发展、强化产业生态培育等方面多维发力，进一步提升区域软件产业实力。

关键词： 软件园区　软件产业　长三角一体化

　　2023 年 11 月，习近平总书记在上海组织召开深入推进长三角一体化发展座谈会，强调要充分发挥长三角产业体系完备和配套能力强

---

* 刘维，国家工业信息安全发展研究中心软件所助理工程师，主要从事地方软件政策、软件园区等领域研究。

的优势，在关系国计民生的重要领域和关键环节实施强链补链行动，着力提升产业链供应链韧性和安全水平。2024 年政府工作报告提出要提高区域协调发展水平，支持京津冀、长三角、粤港澳大湾区等经济发展优势地区更好发挥高质量发展动力源作用。2024 年是长三角一体化发展上升为国家战略第二个五年的开局之年，随着新型工业化进程的推进，长三角地区充分发挥优势产业集聚效应，推动区域软件产业深度协同，加快培育软件产业新质生产力的重要性愈加凸显。

一 协同发展，长三角地区软件产业发展成效显著

区域产业整体实力增强。一是产业规模稳步扩大。2023 年，长三角地区完成软件业务收入 3.54 万亿元，同比增长 10.6%，在全国总收入中的占比为 28.7%（见图 1）。其中，江苏、上海等省市软件业务收入均居全国前列[①]。二是企业实力显著提升。上海市专精特新中小企业中近 30%为软件企业[②]。江苏省在主板、科创板上市的软件企业超 40 家[③]。浙江省亿元以上软件企业 500 余家，9 家企业入围软件百强榜单[④]。三是软件人才群英荟萃。目前，上海市软件从业人员

① 工信部：《2023 年软件业经济运行情况》，https：//www. miit. gov. cn/jgsj/yxj/xxfb/art/2024/art_ 3cb679c2662d4127af3cc857d7dbff8e. html。
② 《上海这项工作提前完成"十四五"目标！专精特新企业破万家》，https：//finance. eastmoney. com/a/202402062984175722. html。
③ 《上市企业超 40 家，江苏软件产教融合"芯火"愈燃愈旺》，https：//jres2023. xhby. net/index/202308/t20230823_ 8058622. shtml。
④ 浙江省经信厅：《2023 年浙江省软件产业发展报告》，https：//jxt. zj. gov. cn/art/2023/12/20/art_ 1659217_ 58931702. html。

数量超过 58 万①，江苏省软件从业人员超 132 万②，浙江省人才资源总量接近 1500 万③，多集中在数字经济领域。四是产业协同加速推进。2023 年长三角区域协同创新总指数达 262.48 分④，其中软件领域协同创新较多，如苏州同元软控与上海的中国商飞签署战略合作协议，开展航空领域工业软件合作。此外，四地合作搭建产业平台，共同发起成立软件联盟、信创协会等行业组织，联合举办高峰论坛、产业协同座谈会及创新大赛等赛事活动，促进产业交流合作。

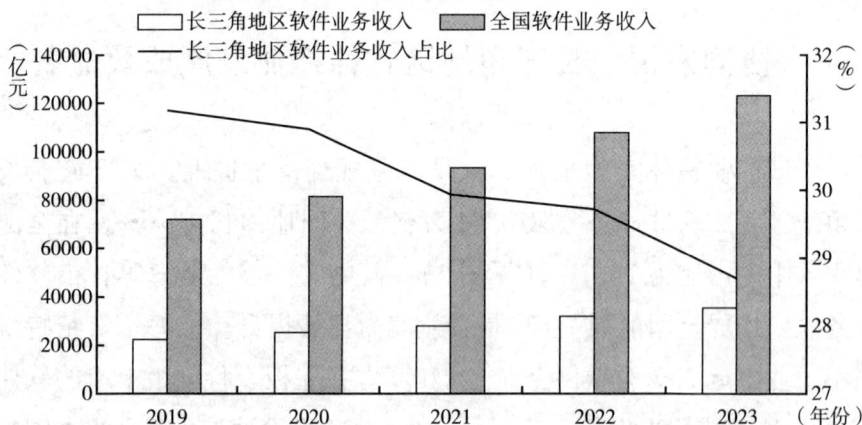

图1　2019~2023 年长三角地区软件业务收入情况

资料来源：工业和信息化部，国家工业信息安全发展研究中心整理。

---

① 石砳磊、郭昕竺：《上海市出台新一轮综合性政策，聚焦三大亮点支持软件业高质量发展》，CIC 软件视界微信公众号，2022 年 1 月 28 日。
② 《2023 年 1~2 月全省软件业经济运行情况》，https：//gxt. jiangsu. gov. cn/art/ 2023/3/28/art_ 6285_ 10845926. html。
③ 《聚天下英才，谋盛世伟业——浙江实施人才强省战略二十周年观察》，https：//baijiahao. baidu. com/s? id = 1786505409850432997&w fr = spider&for = pc。
④ 《2023 长三角区域协同创新指数》，https：//www. cnr. cn/shanghai/tt/ 20240201/t20240201_ 526579132. shtml。

区域产业名片持续擦亮。一是"名城"璀璨。《工业和信息化部关于 2023 年中国软件名城评估结果的通告》显示，2023 年，长三角地区五座城市入选中国软件名城评估名单，杭州排名第二，南京、上海分别列第四、五位，苏州无锡也跻身榜单荣获二星。二是"名园"集聚。长三角地区软件园区集聚，各地出台政策支持软件名园建设，上海市发布年度市软件和信息服务产业基地名单[①]，江苏省出台省级软件名园管理办法，评审形成江苏省省级软件名园名单和软件名园培育库[②]。三是"名企"荟萃。三省一市共同打造长三角软件品牌，各地软协依据《长三角软件品牌一体化发展战略合作协议》，按照统一标准，连续两年联合发布长三角百家品牌软件企业名单。四是"名展"亮眼。长三角地区拥有上海智博会、南京软博会、乌镇世界互联网大会等软件相关品牌展会，其中，南京软博会自 2005 年起已连续举办 18 年，是目前国内规模最大、最具影响力的软件产业展会之一。

二　以链强群，长三角地区软件园区形成特色集聚

长三角地区软件产业发展历史悠久，产业集聚效应明显，各地基于资源禀赋及重点产业链应用需求，强化供需双向驱动，打造出一批特色软件园区。

应用牵引，工业软件集聚成势。长三角是我国制造业核心区之

---

① 上海市经信委：《关于公布 2023 年度市软件和信息服务产业基地名单的通知》，https：//sheitc. sh. gov. cn/gg/20240102/fe03bf1f1267469cb3d432c7e6e6165b. html。
② 江苏省工信厅：《关于 2024 年江苏省软件名园评估结果的公示》，https：//gxt. jiangsu. gov. cn/art/2024/3/15/art_ 6281_ 11177806. html。

一，拥有 18 个国家先进制造业集群①，随着制造业数字化转型的推进，工业软件需求持续增加，工业软件企业在长三角地区加速汇聚。上海浦东软件园依托工业产业基础雄厚、门类齐全的优势，吸引 SAP、达索、欧克特等国外巨头企业入驻，培育了宝信软件、霍莱沃、东欣软件等优质本土企业，加强工业软件产品在航空航天、船舶、钢铁等重点领域的应用推广，建立良好的工业软件产业生态。苏州工业园依托苏州市制造业雄厚基础，汇聚了一批"小而美""专精尖"的软件企业，如研发设计领域的浩辰软件、同元软控、苏州利驰等，生产控制领域的江苏欧软、美名软件、迅驰智能、西格数据等，信息管理领域的普实软件、益萃网络、远鼎信息等，初步建立了覆盖制造业端到端全链条应用的工业软件服务体系。

加速布局，前沿领域抢占先机。长三角汇聚了国家重要战略科技力量，发展前沿领域优势突出，软件园区创新资源集聚，是产业创新的主阵地，多个园区在人工智能、量子科技等前沿领域不断取得新突破。杭州城西科创大走廊围绕阿里集团打造上下游互联互通的产业生态圈，集聚了阿里巴巴、蚂蚁金服、钉钉、阿里云等全国知名企业，建设阿里达摩院、之江实验室等高能级科创平台，强化在云计算、人工智能大模型等新兴技术领域重大产品创新，打造了阿里云、通义千问、蚂蚁金融大模型等品牌。合肥软件园培育了科大讯飞、国盾量子、四创电子、华米科技、达朴汇联等领军软件企业，在人工智能大模型、区块链、量子信息等前沿技术、颠覆性技术和产业化方面取得重大突破，研发了讯飞星火、全球首个量子计算应用软件 ChmeiQ、达朴链网 Dappley 等知名软件产品。

---

① 《长三角先进制造业集群领跑全国，18 个先进制造业集群上榜占全国总数 40%》，https：//baijiahao. baidu. com/s？id = 1751962649682629741&wfr = spider&for = pc。

多点开花，全面赋能各行各业。长三角地区金融、医疗、交通、能源等行业集聚，为软件产业创造出大量的市场需求，给长三角地区应用软件发展提供广阔空间和强劲动力。中国（南京）软件谷（简称"软件谷"）聚焦大型行业应用软件，围绕通信、交通、能源三大方向，金融、医疗、零售、城市治理和政务等 N 个领域，明确"3+N"发展战略，打造行业应用软件集群，已集聚中新赛克、嘉环科技、亚信软件、满运软件、中科创达等大批骨干和领军企业，聚焦重点行业领域开展深度融合应用，大力发展行业应用软件智能和系统解决方案，形成一大批优势"南软"特色产品。软件谷重应用促研发，积极开放关键软件应用场景，软件与通信、交通、能源等重点行业的融合走向深入，软件赋能元宇宙、人工智能等新兴技术加速迭代。

三　固本培元，推动长三角地区软件园区更上层楼

长三角地区软件产业及软件园区发展成效显著，但存在关键核心领域协同发展尚需努力、产业链供应链分工协作水平有待提升、产业生态培育仍有不足等问题，亟须从促进产业深度协同、引导产业特色发展、强化产业生态培育等方面做好文章，加快发展软件新质生产力，为推进新型工业化贡献长三角力量。

一是推动长三角软件园区深度协同。持续优化软件产业合作机制，进一步深化各省市间协调与合作，实现技术资源共享和环境共治；推动区域内深层次联合与互补，推动关键核心领域协同攻关，完善各地区软件园区在产业链供应链协同分工、合力推进核心技术突破等方面的深度协作。

二是因地制宜强化软件园区特色布局。因地制宜发展软件产业，

形成协同合作、错位分布的发展格局。上海市依托"工赋链主"计划，带动长三角地区航空航天、船舶等重点制造业数字化转型；江苏省强化工业操作系统优势，推动中试验证平台建设，赋能长三角地区新型工业化建设；浙江、安徽持续巩固人工智能、量子科技等领域基础，打好特色未来产业牌。

三是加快完善区域软件产业生态。聚焦关键软件领域重大人才需求，促进区域内软件企业、高校、科研院所等交流合作，创新人才联合培养方式；发挥创新联合体、产业联盟及协会作用，链接各方资源，促进核心技术攻关、产品应用推广等；打造长三角区域性软件品牌会议，搭建交流合作桥梁，吸引优质资源集聚。

B.26
成渝软件产业引领西部地区
高质量发展研究

李丹丹*

摘　要： 　作为构建现代产业体系的中坚力量，成渝地区软件产业发展取得显著成效，逐渐成为全国软件"第四极"。进入战略纵深推进时期，成渝地区软件产业发展面临新的挑战和要求，把握好国家最新赋予成渝两地"推动成渝地区双城经济圈建设"的重要使命机遇，凸显成渝"双子星"发展引擎效应，必须从政策、技术、企业、人才等多维度协同发力，全面推动成渝地区打造西部软件产业高质量发展策源地和排头兵。

关键词： 　软件产业　引擎效应　协同发力　成渝地区双城经济圈

成渝地区双城经济圈，自 2020 年提出以来已历经 5 年发展，经济实力、产业现代化水平大幅提升，2023 年成渝地区双城经济圈的经济总量突破 8 万亿元大关，占西南地区经济总量的比重不断提升。成渝地区双城经济圈是成渝城市群的升级版，是我国仅次于粤港澳大湾区、长三角城市群和京津冀城市群等三大城市群的第四大城市群，是西部大开发的战略支点，承担着辐射引领我国西部地区协调发展的

---

* 李丹丹，国家工业信息安全发展研究中心软件所工程师，主要从事软件政策规划、地方产业、软件园区等领域研究。

战略重任，在国家战略层面具有重要的意义和作用。推动成渝地区双城经济圈建设是习近平总书记亲自研究、亲自部署、亲自推动的重大决策，使之上升为国家战略，为成渝两地发展指明了方向和目标，成为成渝地区发展新质生产力、建设世界级产业集群的根本遵循。

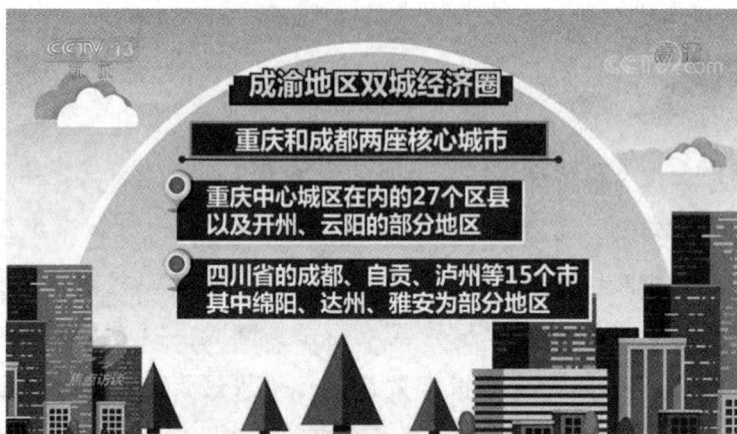

图1　成渝地区双城经济圈示意

资料来源：央视新闻关于《成渝地区双城经济圈建设规划纲要》解读。

一　双城协同点亮软件产业集群"满天星辰"

软件是信息技术之魂、经济转型之擎、数字社会之基，催生网络化协同、智能化生产、个性化定制、服务型制造等制造业的新模式、新业态，是制造强国和网络强国建设的关键支撑，成为解锁新质生产力、推进新型工业化的"金钥匙"。

2023年7月，习近平总书记考察四川时强调"要坚持'成渝一盘棋'"，为深入贯彻落实总书记的指示精神，加快打造西部地区重要增长极和动力源，成渝地区双城经济圈紧扣"一体化"和"高质量"这两个核心关键，充分利用数字经济打破空间限制、引导要素充分流动的新特性，初步培育出具有西部特色的成渝软件产业优质集群。

多园开花、优势互补、特色集群，成渝地区软件产业集群的独特魅力已逐渐彰显。根据工业和信息化部统计，2023 年，四川全省完成软件业务收入 5413 亿元，重庆市完成软件业务收入 3152 亿元，成渝两地占西部地区软件收入比重高达 67.8%，成为西部地区数字经济发展的"双核"和推进新型工业化的桥头堡。"双城"之一的成都，2011 年被工信部授予"中国软件名城"称号，软件产业综合实力实现跨越式发展，主营业务收入由 2003 年的 66 亿元增至 2023 年的 5278 亿元，对全市 GDP 增长的贡献率达 24%。① 成都软件产业集群已拥有亿元级企业 332 家，上市企业 47 家，从业人员达到约 57 万人。② 另一个"双子星"重庆，汽车、电子、装备制造等产业发达，为软件产业发展提供天然"沃土"，软件企业约 3 万家，从业人员约 22 万人。重点打造两江软件园、仙桃数据谷、渝中软件园、重庆软件园等园区，软件收入合计超 2600 亿元，占全市软件业务收入的 80% 以上。依托制造业雄厚基础，重庆重点发展工业软件、新兴技术软件、汽车软件等产业，汇聚了长安软件、中科创达、北斗星通等汽车软件龙头企业以及猪八戒、优路科技等本地优质软件企业，整体水平迈向全国"第一梯队"。

二 软件园区全面赋能新型工业化和数字经济发展

（一）链式协同、集群发展，成渝地区打造汽车软件创新示范区

作为成渝共同打造的万亿级产业集群，汽车产业成为软件赋能制

---

① 根据工业和信息化部运行监测协调局公开数据整理。
② 根据成都市经济和信息化局公开数据整理。

造业转型升级的先锋队，以汽车市场需求和本地产业基础为支撑，成渝地区已逐步构建上下游产业链完备的汽车软件优势集群。例如，重庆仙桃数据谷紧抓智能网联新能源汽车发展的重大机遇，发挥大数据、人工智能、汽车研发等技术优势，做实、做强全国首个万人研发汽车软件产业基地。目前，园区已集聚中国软件百强企业 14 家、汽车智能化龙头企业 20 余家（包括长安软件、中科创达、北斗智联、光庭信息等）、汽车软件核心研发企业（包括黑芝麻、追势科技、佑驾科技、百瑞互联等）及软件交付企业 300 余家，为奔驰、宝马、奥迪、大众、长安等 20 余家品牌车企提供智能化产品服务，整车装载量超过 1500 万辆，汽车智能化核心产业产值达到 173 亿元，已聚集汽车软件研发人员 3000 人，支撑产业产值达 98 亿元。[①] 作为重庆汽车产业主战场，重庆两江新区 2023 年智能网联新能源汽车整车产量超 36 万辆，占全市比重达 72%。两江新区依托完整的汽车产业链及产业配套优势，以软件定义汽车为主线，充分释放新兴技术对汽车产业的赋能、赋智、赋值作用，打造"软件+智能"一体化发展的汽车软件园。截至 2022 年底，两江新区已拥有软件和信息技术服务业企业近 4000 家，产业规模超 1000 亿元，从业人员累计约 9.5 万人，汇聚了赛力斯、中汽研、励颐拓、长安科技、广域铭岛等 80 余家汽车软件重点企业，在"车路云网图"领域逐步形成规模化软件产业聚集。[②] 作为四川科教资源最密集的区域，成都高新区加速创新链、产业链、人才链、资金链深度融合，打造中国智车谷。高新区汽车软件企业数量占成都市的 80% 以上，在车载操作系统领域引育德赛西威、百度、中科创达、中瓴智行等知名企业，在车路协同及车联网服务领

---

① 根据重庆仙桃数据谷官方公开数据整理。
② 重庆两江新区管理委员会：《数字篇 | 以数字化引领开创两江新区高质量发展新局面》，http：//www.liangjiang.gov.cn/mixmedia/a/202312/28/WS658cd1c7e4b0b216bb463e9a.html。

域引育国汽智端、路行通、中电昆辰、网阔信息、星盾科技、华录易云等代表企业。创新资源汇聚，人才优势突出，拥有电子科大、西华大学等高校院所研发团队 10 余个，落户国家智能网联汽车创新中心新一代车载智能终端基础平台，聚集高端软件人才 15.7 万人，打造出全国领先的车载智能系统产业创新示范区。

（二）以硬生软、双向赋能，成渝共建西部工业软件融合应用高地

作为数字经济时代工业领域的"皇冠"和制造业转型升级的核心引擎，工业软件是成渝地区高质量发展的重要方向。进入高质量发展"建圈强链"关键阶段，成都天府软件园立足成都市电子信息、航空航天等优势产业根基，已跻身国家级软件园区第一方阵，以工业软件为主导的特色软件产业规模稳步增长。截至 2022 年底，园区软件业务收入 1951.5 亿元，占城市软件收入比重达 41.21%，其中工业软件业务收入 392.62 亿元，占园区软件收入的 20%；聚集了成飞集成、淞幸科技、成都奥卡思、任我行、四平软件等 130 余家工业软件重点企业，覆盖研发设计、生产控制、经营管理等工业软件关键领域，面向航空航天、核工业、汽车、船舶、兵器装备等重点行业持续提升融合应用水平，稳步构建"应用牵引 场景驱动"的可持续发展生态。

同样作为西部工业重镇和国家先进制造业中心的重庆，其门类齐全的制造业、丰富的应用场景、旺盛的市场需求，为工业软件的开发和应用提供了重要基础。2022 年，重庆全市工业软件产业规模约 77 亿元，同比增长超 30%。① 为突出特色化、差异化发展，同时与成都市工业软件集群形成双核联动，重庆渝中软件园重点布局 CAX、BIM

① 《工业软件前景可期（一线调研）》，https：//www.sohu.com/a/697025312_114731。

等研发设计类工业软件以及 MES、PLC 等生产控制类工业软件，积极招引华天软件、诚智鹏、中煤科工、和利时、华工智研院、明源合创、重庆工业设计总部基地等 30 余家重点工业软件企业（机构）落地园区①，面向本地智能制造、数字化转型需求打造工业软件一站式应用服务平台，充分发挥优质企业、平台载体"倍增器"作用，助推重庆市工业软件产业发展跑出"加速度"。

三　谱写成渝地区双城经济圈软件产业高质量发展新篇章

　　征程万里风正劲，重任千钧再奋蹄。进入新发展阶段，软件园区同质化竞争、关键核心技术受制于人、生态主导型龙头企业缺失、软件复合型人才需求缺口大等问题仍是制约成渝地区持续释放软件产业发展活力的突出短板，要进一步唱好成渝"双城记"，必须打好特色化发展"组合拳"，不断提升成渝地区软件产业高质量发展水平。一是打好"政策牌"，完善顶层设计，优化产业布局，引导优质资源向重点产业集聚区汇聚，突出特色化、专业化、品牌化、高端化，形成错位发展格局。二是打好"技术牌"，坚持政产学研用多方联合，打造"关键技术+主要产品+新型服务"的关键软件技术链条，夯实软件共性基础技术底座，提升关键软件供给能力。三是打好"企业牌"，坚持企业创新主体地位，以链主带动上下游配套企业协调，扶持细分领域"专而精"潜力股企业，培育大中小企业融通发展生态。四是打好"教育牌"，坚持校企协同、产教融合，依托四川大学、电子科技大学、重庆大学、重庆邮电大学等本地高校，培养既精通软件技术，又懂制造业硬件设备技术的"软硬结合"复合型人才，打造适应产业发展的"人才资源池"，为谱写成渝地区双城经济圈高质量发展新篇章注入新活力。

---

　　①　根据公开资料整理。

B.27
高质量建设中国软件名园路径研究

许　睿*

摘　要： 软件作为人类知识和文明的载体，是新一代信息技术的"灵魂"，是加快推进新型工业化的关键支撑。软件园区是推动软件产业做大做强的重要载体，随着我国软件产业步入高质量发展新阶段，建设中国软件名园已经上升为国家战略。在名园政策引领下，我国软件园区呈现高质量发展的良好势头，但仍存在"特色化"水平不高、"高端化"能力不足、"专业化"谋划不够等问题，需坚持高标准建设中国软件名园，引领全国软件园区全面提质升级，带动我国软件产业高质量发展再上新台阶。

关键词： 软件产业　软件园区　高质量发展

一　高质量建设中国软件名园势在必行

（一）建设名园是贯彻落实国家战略的重要举措

软件作为经济转型升级的重要引擎，为我国现代化产业体系建设提供了强劲动能。党中央、国务院高度重视软件产业发展。习近平总书记强调，要"全面推进产业化、规模化应用，重点突破关键软件，

---

* 许睿，国家工业信息安全发展研究中心软件所工程师，主要从事软件产业宏观政策、产业经济、产业园区等领域研究。

推动软件产业做大做强，提升关键软件技术创新和供给能力"。做大做强软件产业，离不开高水平的产业集聚。高质量建设中国软件名园，是贯彻落实国家软件发展战略部署，支撑京津冀、长江三角洲、粤港澳大湾区等国家重点区域发展战略建设，推动经济高质量发展的重要举措。

（二）建设名园是形成"一盘棋"发展格局的有力抓手

当前，我国软件产业发展面临的机遇和挑战持续变化，产业政策顺应产业发展趋势不断调整，亟须形成央地联动、省市协同的工作格局，共同推动软件产业各项任务部署走深向实。软件园区作为各地产业发展的创新策源地，已基本实现全国各省区市"全覆盖"。高质量建设中国软件名园，扎实推进软件园区提质升级、培树典型，能够形成政策举措的"加速器"和优质资源的"引力场"，下好软件高质量发展"一盘棋"，更广范围、更深层次地推动软件产业发展。

（三）建设名园是做大做强软件产业的关键实招

产业因"聚"而变，也因"聚"而兴。园区可以提供较为完善的配套政策、集中的人才供给、优质的服务支撑，是软件产业集聚发展的重要载体。近年来，我国软件园区快速发展，现已达到近 350 家，汇聚了超 5 万家软件企业，带动国内软件新技术、新产品、新应用竞相涌现，已成为我国软件产业实现跨越式发展的重要舞台。顺应软件产业集聚发展规律，高质量建设中国软件名园，打造软件产业发展"新高地"，能够更好发挥辐射带动作用，以点带面推动区域软件产业做大做强。

二　现阶段我国软件园区发展存在的突出问题

2022 年 12 月，工信部发布《中国软件名园管理办法》，规范中国软件名园管理工作。在名园政策引领下，全国 13 家中国软件名园试点园区聚焦关键基础软件、大型工业软件、行业应用软件、新兴平台软件和嵌入式软件五大特色方向积极布局，培育名企名品，繁荣开源生态，提升服务水平，已呈现高质量发展的良好势头。但整体来看，我国软件园区发展仍存在一系列突出问题。

一是园区"特色化"发展水平不高。一方面，部分大型园区特色化发展受阻。例如，北京中关村软件园、济南齐鲁软件园"大而全"特质突出，虽拥有骨干软件企业，但尚未聚焦细分领域形成特色优势。另一方面，部分园区对软件产业发展把脉不到位，发展思路不清、路线不明，布局建设的特色方向基础薄弱，不具备发展潜力。

二是园区"高端化"发展能力不足。园区软件产业"重应用、轻基础"现象突出，普遍缺乏基础软件、工业软件等关键软件领域领军企业，产品供给能力不足，不能有力支撑国家战略需求。与此同时，部分园区集聚的软件企业主要提供集成类平台或服务型解决方案，技术创新和产品研发能力不足，服务处于中低端水平，同质化竞争严重。

三是园区"专业化"发展谋划不够。多数园区对开源发展的认识不足，参与开源的广度和深度不够，开源创新及生态载体建设仍处于起步阶段。此外，中西部园区创新发展动能明显不足，缺少研发机构、重点实验室等创新策源平台，创新载体建设水平低，软件研发投入少，高层次软件人才短缺等问题掣肘其发展。

三 "四个坚持"全面提升我国软件园区建设水平

一是坚持打造特色优势。园区要立足本地优势产业和资源禀赋，聚焦特色方向做大做强。例如，聚焦基础软件方向的园区要着力提升核心技术攻关能力，培育具有生态影响力的龙头企业和具有市场竞争力的知名产品。聚焦工业软件方向的园区要强化应用牵引，打造重点行业全链条供给能力，全面赋能当地传统产业转型升级。聚焦新兴平台软件方向的园区要前瞻布局产业新赛道，支持企业开展前沿技术研发和应用推广，构筑未来发展新优势。

二是坚持开源创新发展。园区要加强与开放原子开源基金会交流合作，加快建设开源促进中心、开源代码备份基础设施等开源生态载体，积极举办开源领域赛事活动，鼓励园区企业积极培育具备技术先进性的开源项目和生态影响力的开源社区。同时，要持续深化产业链和创新链融合发展，规划引导新型研发机构、科研院所、科技中介等创新资源融入园区，覆盖从基础研究、应用研究到产业化的关键环节，为园区创新发展提供更有力、更直接、更系统的支撑。

三是坚持强化要素保障。各地要充分重视软件园区发展，将软件园区作为落实关键软件攻关任务的集中承载主体，围绕推动软件园区高质量发展制定政策举措，在加大资金支持、创新产融模式、强化人才供给等方面积极探索、持续发力。同时，要聚焦本地区经济社会转型升级和信息化重大应用需求，更广范围、更深层次开放应用场景，通过奖补用户单位等方式支持园区软件创新成果应用，积极打造国产软件产品应用示范典型标杆。

四是坚持优化园区环境。园区要加强对各级各类产业政策宣贯解读，积极打通精准施策的"最后一公里"。要因地制宜制修订园区软件产业发展专项规划，确保与国家产业政策方向一致。要不断完善园区基础设施，建立健全科技、金融、法律、政务等公共服务体系，全面提升综合服务水平。要持续优化园区保障制度、激励机制、生活服务、创新文化等软环境，加大知识产权保护力度，涵养宽容失败的创新土壤，广泛吸引国内外高层次人才创新创业。

参考文献

金碚：《关于"高质量发展"的经济学研究》，《中国工业经济》2018
年第 4 期。

倪卫红、董敏、胡汉辉：《对区域性高新技术产业集聚规律的理论分
析》，《中国软科学》2003 年第 11 期。

专题篇 ⟩⟩

B.28
国产软件价值问题分析及金融支持
路径探究

郭昕竺 王昭杰 *

摘 要： 中央金融工作会议明确提出做好科技金融、绿色金融、普惠金融、养老金融、数字金融五篇大文章。科技金融作为五篇大文章之首位，是推动高水平科技自立自强的重要抓手。本文对近年来全国主要省份科技金融政策布局进行梳理，围绕科技企业生命周期、科技企业创新量化、科技金融区域协同等主要方面，提炼各地科技金融布局的主要特点，研究分析我国软件产业面临的价值困境，并对提高软件价值、提升软件领域科技金融配置效率、实现金融赋能软件产业高质量发展提出建议。

---

* 郭昕竺，国家工业信息安全发展研究中心软件所工程师，主要从事软件产业政策研究、区域软件产业发展研究；王昭杰，国家工业信息安全发展研究中心软件所助理工程师，主要从事软件产业政策研究、软件产业集聚发展研究。

关键词： 科技金融　软件价值　创新评估　企业生命周期

一　全国各省份加快布局科技金融扶持政策

党中央、国务院高度重视科技金融工作。2023 年 10 月，中央金融工作会议首次提出金融强国的宏伟目标，并将科技金融作为"五篇大文章"之首位，强调把更多金融资源用于促进科技创新，为加快构建与高水平科技自立自强相适应的科技金融体系提供了根本遵循。2024 年政府工作报告明确提出，推动高水平科技自立自强，大力发展科技金融，更好满足中小微企业融资需求。从全国各省份来看，广东、江苏、福建、云南等多地率先编制出台区域科技金融专项政策（见表 1），围绕创新投资、银行信贷、融资担保、科技保险等主要方面，抓紧布局地方科技金融扶持体系，积极争取国家金融科技创新试点示范，推动区域科技金融创新发展。

表 1　全国部分省份科技金融政策布局

地区	重点政策或报告	发布时间	核心内容
广东	《关于加快推进科技金融深度融合助力科技型企业创新发展的实施意见》	2024 年 2 月	提出 15 条政策措施，突出对重大科技任务、科技型企业领域支持，积极引导各类资本聚力推动原创核心技术、前沿颠覆性技术突破并向现实生产力转化
	《关于做好深圳科技金融大文章的实施意见》	2024 年 2 月	构建与科技型企业相适应的专业服务体系，持续完善多层次全周期科技金融产品服务供给，不断夯实科技创新金融服务基础
	2024 年政府工作报告	2024 年 1 月	大力发展科技金融。积极发展技术交易市场，深入开展知识产权质押融资，发展科技保险，优化科技金融产品，提升深交所科技成果与知识产权交易中心发展能级

地区	重点政策或报告	发布时间	核心内容
江苏	《关于加强和优化科创金融供给服务科技自立自强的意见》	2023年5月	加大金融支持创新,打造具有全球影响力的产业科技创新中心
	2024年政府工作报告	2024年1月	2024年加大对科技创新、绿色转型、普惠小微、数字经济、技术改造等金融支持力度,促进社会综合融资成本稳中有降
山东	《关于加强科技财政金融协同服务企业创新发展的若干措施》	2023年9月	加强财政政策、金融政策与科技政策的协调配合,引导更多资源要素向创新创业领域聚集,营造科技型企业成长的良好环境
	2024年政府工作报告	2024年1月	健全"鲁科贷""鲁科投"等科技金融服务,建立"山东好成果"遴选推广机制。抓好科创金融、普惠金融、绿色金融改革试点
北京	《北京市中关村国家自主创新示范区建设科创金融改革试验区实施方案》	2023年10月	构建金融有效支持科技创新的体制机制,形成全国领先的科创金融发展环境,建设具有全球影响力的科创金融服务体系
	2024年政府工作报告	2024年1月	做好科技金融等五篇大文章,扎实推进中关村科创金融改革试验区建设,引导更多金融资源支持科技型企业和实体经济发展
上海	《上海中小微企业政策性融资担保基金知识产权质押融资担保业务专项方案》《上海市知识产权质押贷款风险"前补偿"试点工作方案》	2023年11月	实施上海中小微企业政策性融资担保基金知识产权质押融资担保业务、上海市知识产权质押贷款风险"前补偿"试点业务。发挥知识产权质押融资引水赋能作用,建立中小微企业融资风险分担和奖补机制
	2024年政府工作报告	2024年1月	全力做好科技金融、绿色金融、普惠金融、养老金融、数字金融五篇大文章,更好服务实体经济、科技创新和共建"一带一路"

地区	重点政策或报告	发布时间	核心内容
安徽	《金融支持科创企业"共同成长计划"实施方案》	2023 年 6 月	创新科创金融服务模式,破解科创企业在初创期和成长期的融资难题,支持高成长性企业债务融资,促进科创企业和金融机构共同成长
	2024 年政府工作报告	2024 年 1 月	2023 年创新实施金融支持科创企业"共同成长计划",科技型企业贷款余额 5971 亿元,增长 54%。2024 年大力发展科技金融等
福建	《福建省金融科技发展行动计划(2023~2025 年)》	2023 年 7 月	进一步发挥金融科技驱动力,深化金融供给侧结构性改革,增强金融服务实体经济能力,全方位推进高质量发展
	2024 年政府工作报告	2024 年 1 月	统筹做好科技金融等五篇文章,推动更多金融资源用于促进科技创新、先进制造、绿色发展和中小微企业
云南	《云南省加大力度支持科技型企业融资行动实施方案》	2023 年 11 月	成立省级金融支持科技型企业发展联动机制、金融支持科技型企业融资工作专班,构建"一体两翼三支撑"科技金融政策体系及措施

资料来源:国家工业信息安全发展研究中心根据各地政府官网资料整理。

立足生命周期,提高科技金融供给水平。2024 年 1 月,国家金融监督管理总局印发《关于加强科技型企业全生命周期金融服务的通知》,聚焦技术研发、科技成果转移转化、知识产权运用保护等重点领域,明确提出根据科技型企业在初创期、成长期、成熟期等不同生命周期的发展需求,建立多元化金融服务体系。2023 年 10 月,北京市发布《北京市中关村国家自主创新示范区建设科创金融改革试验区实施方案》,提出面向种子期和初创期科技企业提供创业投资、担保增信,面向成长期科技企业提供多样化信贷产品,面向成熟期科技企业提供多元融资服务,增强不同生命周期科技型企业金融服务供给。

破局创新量化，打通企业融资授信瓶颈。为破解科技型企业融资授信难的问题，2022 年以来，江苏、浙江、四川等多地加快实施企业创新积分制，将软件著作权拥有量等 18 项核心指标纳入科技型企业创新评价的重要依据，引导银行机构采信企业创新积分结果进行授信。据统计，2022 年，全国创新积分企业共获得银行授信 1178.6 亿元。①2024 年 3 月，云南省召开科技金融工作推进会，明确提出将企业创新积分制试点、科技创新券作为科技金融政策体系的重要支撑手段。

增强区域协同，推动科技金融互联互通。区域金融互联互通是提高区域一体化发展水平的重要途径。2024 年 2 月，广东省发布《关于加快推进科技金融深度融合助力科技型企业创新发展的实施意见》，提出依托横琴、前海、南沙、河套等大湾区重大合作平台，提升粤港澳三地科技金融互补、互联、互通水平。2023 年 5 月，江苏省发布《关于加强和优化科创金融供给服务科技自立自强的意见》，提出建设长三角知识产权金融数字化创新实验室，持续加大对长三角地区科创融资的支持力度。

二 我国软件产业面临的主要困境

软件是金融支持高水平科技自立自强的重点产业领域，科技金融通过提供创新资本和创新服务，实现激发软件企业创新活力，推动软件产业在核心技术、产品创新和市场拓展等方面加速突破，提升软件产业整体竞争力。但同时，我国软件企业普遍面临授信困难、价值低估、资本短视等金融资源配置不均问题，以软件为代表的"软成果"价值困境，愈发成为掣肘我国科技成果市场转化、科技型企业创新发展的重要因素。

---

① 科技部：《去年创新积分制企业获得近 1200 亿元授信》。https://baijiahao.baidu.com/s? id=1772570565761837600&wfr=spider&for=pc。

一是会计核算制度不完善，企业创新价值认可受限。软件企业天然具有无形资产占比巨大、前期研发投入成本高昂、研发创新迭代周期较长的特点，企业价值在成立早期具有高度隐含性，传统会计核算方式下，软件产品和企业的创新价值被极大低估。例如，相较于互联网行业动辄上亿元的融资，国内工业软件头部企业广州中望在 2018 年的第一轮融资仅 8000 万元，2019 年完成第二轮融资 1.4 亿元[①]，而这两轮融资是当期国内研发设计类工业软件领域规模最大、估值最高的融资案例。会计核算制度不完善造成的软件企业价值挤压，直接影响了金融市场对软件产业的整体配置效率。

二是创新评估体系不健全，开源软件商业价值被低估。开源孕育于软件，发展于数字经济，已成为全球软件技术和产业创新的主导模式。全球约 90% 的公司使用开源，国内企业使用开源技术的比例超 87%。然而，开源软件的市场价值和经济社会价值仍未得到充分认可。根据哈佛商学院研究，开源软件在需求侧的价值远高于其在供给侧的价值，全球 5% 的开源软件创造了 96% 的市场需求侧，如果没有开源软件，企业在软件方面的支出将是现在的 3.5 倍。[②] 同时，不同于闭源软件，开源软件的价值创造大多集中在早期非货币性质阶段，因此开源创企的商业价值往往更难获得资本市场认可。

三是科技金融供给不充分，后端服务水平仍待提升。近年来，国家出台《新时期促进集成电路产业和软件产业高质量发展的若干政策》（国发〔2020〕8 号）等多项政策，从政府侧持续推动软件产业财政税收、投融资环境优化，但"股贷债保"等多种金融工具联动

---

① 《CAD 及 CAM 软件研发供应商中望软件获 1.4 亿元投资，毅达资本和中国互联网投资基金联合领投》，https：//baijiahao.baidu.com/s？id=1647705931388698482&wfr=spider&for=pc。

② 《开源软件的真实价值》，https：//blog.csdn.net/kaiyuanshe/article/details/136956246。

发展的供给格局尚未形成，软件产业金融服务水平亟待提升。以软件保险为例，自 2018 年起，四川、山东、安徽、浙江、广东等地陆续开展首版次软件保险试点，推动首版次软件产品市场应用，但围绕首版次软件保险的风险评估、定责定损、出险理赔机制仍未健全，专业化软件保险服务机构和团队仍较短缺。

三　以科技金融护航软件产业高质量发展的建议

未来一段时期是提升我国科技自立自强水平的关键阶段，加快完善科技金融服务体系，提高软件领域科技金融配置效率，对于充分释放金融促进高水平科技自立自强的倍增作用、实现金融赋能软件产业高质量发展具有重要意义。

一是提高科技金融供给水平。统筹推进科技金融生态体系建设，协同建立软件企业和科技金融对接机制。完善面向软件企业不同生命周期的科技金融服务体系，创新股权投资、贷款、发债、保险等多元化金融服务。优化数据、技术等新增长要素的确权、定价和市场流通机制，促进金融、科技、产业良性循环。

二是完善软件价值评价体系。完善软件会计准则，明确软件产品定价、入账、交易机制，建立基于软件资产公允价值的科学评估体系。探索开展软件著作权质押融资内部评估试点。提高开源资产价值认可度，建立基于开源项目使用、开源社区活跃度、开源团队创新水平等非货币化指标的开源软件企业价值评价标准。

三是提升科技金融服务水平。建立健全软件企业金融风险评价体系，分层分类设立软件企业信用评价模型。搭建软件产业金融信息服务平台，汇总企业知识产权、股权质押、投融资和风险数据，穿透投资基金来源和投向信息。加大企业融资过程中的软件著作权、开源许可协议保护。

B.29
国外软件供应链治理体系
及举措研究

程薇宸　李郁佳　杨梦琦*

摘　要： 软件是新一代信息技术的灵魂，是数字经济发展的基础，是制造强国、网络强国、数字中国建设的关键支撑。随着产业的发展，软件开发、交付、应用突破了原有相对封闭可信的单一组织边界，日益走向规模化协作，软件组件关联依赖关系日趋复杂，形成了覆盖全球的软件供应链。当前，软件供应链既有传统安全威胁又面临开源新型安全挑战，软件供应链日益成为大国之间竞争和博弈的重要手段，"停服断供""脱钩断链"等风险全面加剧，为我国产业平稳繁荣发展埋下巨大隐患。需坚持底线思维，统筹好发展和安全，加强软件供应链管理体系化布局，加快构建自主可控、安全可靠、竞争力强的软件产业链供应链，切实提升我国软件供应链韧性和安全水平。

关键词： 开源软件　软件物料清单　供应链安全　产业政策

---

* 程薇宸，国家工业信息安全发展研究中心软件所工程师，主要从事软件及新一代信息技术、软件开源生态、软件供应链安全等领域研究；李郁佳，国家工业信息安全发展研究中心软件所工程师，主要从事软件产业政策、开源技术生态等方面研究；杨梦琦，国家工业信息安全发展研究中心软件所工程师，主要从事区块链、Web3.0、元宇宙等领域研究。

一 软件供应链情况

（一）软件供应链的定义和特征

供应链（Supply Chain）的概念最早起源于 20 世纪 80 年代由迈克尔·波特（Michael Porter）提出的"价值链"，随着产业分工日趋细化，企业间日益发展出网络化的合作关系，逐渐演变为"供应链"。国家标准《物流术语》（GB/T 18354-2006）将"供应链"定义为"生产及流通过程中，涉及将产品或服务提供给最终用户所形成的网链结构"。"供应链"概念和实践在制造业精益生产管理中得到广泛应用，并催生出企业资源计划（ERP）、供应链管理（SCM）等一系列管理科学方法和信息化实践。

从传统供应链的概念扩展来看，软件供应链是供方和需方基于供应关系，开展并完成软件采购、开发、交付、获取、运维和废止等供应活动而形成的网链结构。主要体现出以下特点。

一是组件开源化。从"原材料"和"零配件"来看，目前绝大部分软件产品不是从零开始研发，其软件成分有 70%~80% 为开源软件，大多取用于开源社区和第三方软件库。开源软件已经成为软件产业创新源泉和"标准件库"，如全球 80% 企业级操作系统和75% 以上移动操作系统基于开源 Linux 内核研发，2/3 以上的云工作负载由开源技术支持，90% 以上国内开发者使用谷歌公司符号数学系统（TensorFlow）、Meta 公司 Pytorch 等开源框架研发人工智能产品。

二是生产全球化。从"生产装配"过程来看，软件作为数字化产品，没有库存和运输限制，仅通过互联网就可以快速流动、下载、集成、测试和运行。伴随着产业快速发展，软件开发、交付、应用逐渐突破了原有相对封闭可信的单一组织边界，走向了规模化协作，软件供应链自然形成全球协作研发的网络。

三是供应层级多。从产品供应形态来看，软件供应链涉及代码（"原材料"）、组件（"零配件"）、制品（"中间产品"）、软件（"最终产品"）等多种形式，连接了供应方（开发者）、组件分发方（制品库）、需求方（引入组件的应用软件开发商）和最终用户（使用引入组件的软件用户）等不同主体，构成多层级、网络化、关联依赖复杂的供应关系。

四是管理不透明。不同于工业制造领域具备物理形态的产品，从原材料到制成品的过程具有完整的流程和记录，产品的组成采用工程 BOM 和制造 BOM（物料清单）进行记录和跟踪。软件领域在交付软件制成品时，通常只提供安装包和相应的安装文档，用户不清楚软件的组成成分，软件供应链处于"黑盒"状态，无法辨别软件的合规性和发现安全隐患，一旦发现风险，追溯和跟踪也难以执行。

（二）软件供应链涉及的实体要素

软件供应链主要相关实体角色是供方和需方。其中，供方是完成软件产品和服务的开发、构建、测试、发布、交付、部署及生命周期维护的组织，需方是按照协议从其他组织获取软件产品或服务的组织。软件供应链中的供、需双方是软件供应关系和供应活动的主要载体，也是软件供应链风险威胁的主要影响主体。

国际上，美国网络安全和基础设施安全局（CISA）[①] 联合国家安全局（NSA）和国家情报总监办公室（ODNI）发布的《软件供应链

---

① "CISA Open Source Software Security Roadmap", https：//www.cisa.gov/sites/default/files/2023-09/CISA-Open-Source-Software-Security-Roadmap-508c%20%281%29.pdf.

安全推荐实践指南》将软件供应链的核心实体角色分为开发者、供应商和终端用户三类。开发者作为终端客户需求应答者，负责软件的产品和服务研发；供应商是终端客户与开发者的桥梁，负责传递需求、交付软件产品；用户是需求提出者，也是软件产品和服务的使用者（见图1）。

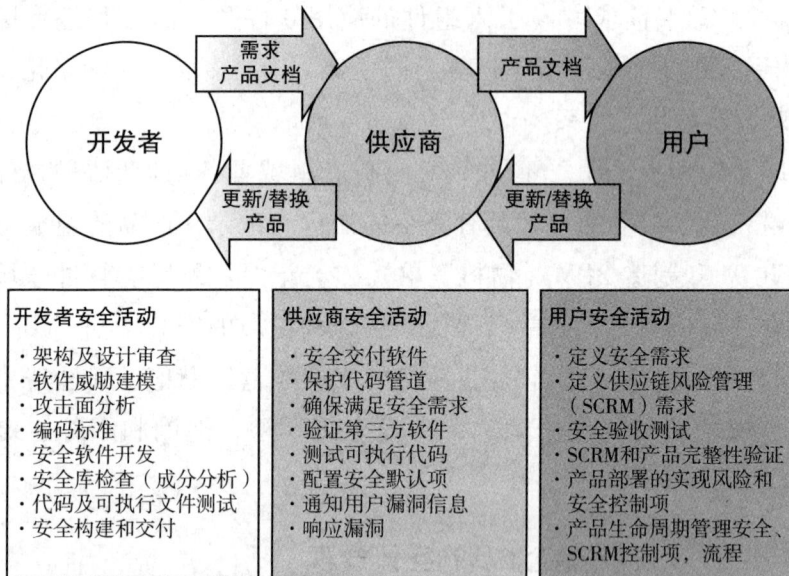

图 1　美国相关指南规定的软件供应链主要实体角色

资料来源：国家工业信息安全发展研究中心整理。

（三）软件供应链管理的目标

一是韧性（Resilience）。软件系统受攻击时保持有定义的运行状态，包括降级，以及遭遇攻击时快速恢复的能力。

二是安全性（Security）。产品有良好的抗攻击能力，保护业务和数据的机密性、完整性和可用性。

三是可靠性和可用性（Reliability & Availability）。产品能在生命周期内长期保障业务无故障运行，具备快速恢复和自我管理的能力，提供可预期的、一致的服务。

四是竞争力（Competitiveness）。通过低成本高效整合全球软件资源，实现软件基础架构、组件、模型、数据、算法等的高竞争力选型，保证高质量软件产品供应。

二 软件供应链面临的主要风险挑战

当前，软件供应链既面临漏洞、后门等传统安全威胁，又有开源软件带来的新型治理挑战，同时软件供应链的依存和制约关系，已经成为大国之间竞争和博弈的重要手段，"停服断供""脱钩断链"等风险全面加剧。

（一）"不安全"：传统软件安全威胁呈"链式传导"，通过漏洞、后门等实施攻击成为常用手段

软件供应链上下游之间的互联互通和传递依赖关系（如软件供应、开源应用等），给漏洞、后门攻击创造了便利条件。近年来，开源软件安全漏洞数量居高不下[①]。同时 Synopsys《2023 年开源安全和风险分析报告》[②] 显示，全球各领域有 96% 的研究代码库包含开源代码，76% 的代码库是开源的。奇安信《2022 年中国软件供应链安全分析报告》显示，在其 2021 年分析的 3354 款软件中，86.4% 的软件存在已知的开源软件漏洞，约 80% 的软件存在已知的高危漏洞，约 70% 的软件存在已知的超危漏洞。又据国外安全厂商 ReversingLabs 发

---

① 《有史以来最严重的七个软件漏洞》，https：//zhuanlan. zhihu. com/p/650718213。

② 《2023 年开源安全和风险分析报告》，https：//www. synopsys. com/zh－cn/software－integrity/resources/analyst－reports/open－source－security－risk－analysis. html? cmp＝pr-sig&utm_ medium＝referral。

布的《软件供应链安全状况调查报告》，2021年针对软件供应链的攻击事件增加了650%。特别是，Apache 开源项目 Log4j 被爆严重高危漏洞、Linux 内核"脏管道"高危漏洞、全球最大 JavaScript 软件包仓库 NPM 被开发者"投毒"等供应链安全事件频发，其波及范围之广、影响程度之深、持续时间之长前所未有。传统软件安全问题在软件供应链维度下呈现连锁反应，对大量的供应商和最终用户产生巨大影响。

（二）"不确定"：开源技术渗透普及加剧软件供应链复杂性，不断冲击企业治理防线

以开源为代表的规模化协作模式为软件产业高质量发展注入强劲动力，开源软件在关键信息基础设施中广泛渗透应用，给供需两侧企业的软件供应链治理带来了突出挑战。

一是"人多手杂，公地危机"。开源软件开发人员来自不同国家、不同背景，源代码的查看、修改、提交权限较为开放，松散式的开发维护模式很难对软件质量和安全进行"兜底"，开源软件极易被植入"后门"或恶意程序。据360公司反映，美国中央情报局已经开始布局开源软件"毒丸"计划，开源软件面临被"投毒"的风险。

二是"责任缺位，防护失守"。开源软件普遍缺乏长周期运维支持，并且开源社区、平台、开发者不对开源软件漏洞修复担责。对于使用、集成了开源软件的商用产品供应商或者用户而言，在产品生命周期内常常面临开源软件版本运维支持中断、缺失、不到位的突出痛点。华为统计的3469款开源软件中，仅68款软件（1.9%）提供长期支持承诺，支持期平均不到3年，低于商用软件产品的平均生命周期3~5年（硬件产品或更长）。业界对开源代码大多是直接拿来使用或只做些小修小补，极易埋下未知的安全隐患。

三是"底数不清，力量失衡"。在开源软件的开发和使用过程

中，不同开源软件之间的复杂依赖关系使大多数厂商无法准确梳理自身的开源软件使用情况，用户在应用相关产品时亦存在不可知、不可控的风险。当前，开源安全漏洞或成为新的制裁手段，如美商务部禁止美国实体未经审批对我国分享安全漏洞，由美企主导的开源漏洞共享平台"OpenWall"也拒绝我国企业加入。

三　国际软件供应链管理的有关做法和经验

面对日趋复杂严峻的软件供应链风险挑战，国外主要国家纷纷将维护软件供应链安全性、稳定性与竞争力上升到国家战略层面予以推进，以顶层设计为统领，以政策机制为保障，以技术创新为动力，通过加强供应链安全评估、审查与国际合作等多种举措予以应对，取得不错的实践效果。

（一）加强顶层设计，统筹推进软件供应链安全体系化建设

全球范围内，美国率先将软件供应链安全上升为国家战略予以推进。法规战略层面，自 2021 年起先后出台《关于美国供应链的 14017 号政令》（EO 14017）、《关于加强国家网络安全的 14028 号政令》（EO 14028）[1]、《美国国家网络安全战略》[2] 及配套实施计划[3]，

---

[1] "Executive Order on Improving the Nation's Cybersecurity", https：//www. whitehouse. gov/briefing-room/presidential-actions/2021/05/12/executive-order-on-improving-the-nations-cybersecurity/.

[2] "The National Cybersecurity Strategy", https：//www. whitehouse. gov/oncd/national-cybersecurity-strategy/.

[3] " Biden-Harris Administration Publishes the National Cybersecurity Strategy ImplementationPlan", https：//www. whitehouse. gov/briefing - room/statements - releases/2023/07/13/fact-sheet-biden-harrisadministration-publishes-thenational-cybersecurity-strategyimplementation-plan/.

强调"加强软件供应链安全",提出成立专项工作组、引导行业建立软件安全开发框架、推广软件物料清单(SBOM)、采用内存安全编程语言、强化开源软件安全技术供给、开展 ICT 供应链审查等专项举措,对软件供应链安全作出统筹部署。

标准规范方面,围绕落实 EO 14028 要求,美国先后发布关键软件安全使用指南、软件供应链安全开发指南、针对供应商软件的安全测试标准、软件物料清单与网络安全标识等安全标记标准、面向组织的供应链风险管控综合管理指南等五类规范性文件,构建覆盖软件供应链多角色主体、全生命周期的标准体系和操作指引,具体如表 1 所示。

表 1　EO 14028 涉及的软件供应链安全标准指南

EO 14028 要求	对应标准指南(截至 2022 年 2 月 11 日)
2021 年 6 月 26 日前,发布关键软件定义(4g)	2021 年 6 月 24 日发布"关键软件定义及产品列表",确定了 11 类关键软件;2021 年 7 月 8 日发布《关键软件使用安全措施》,针对五大目标制定了 20 条安全措施
4(g)发布 30 天内,发布关键软件产品类别列表(4h)	
2021 年 7 月 11 日前,发布关键软件安全措施指南(4i)	
2021 年 7 月 11 日前,发布建议供应商测试软件源代码的最低标准(4r)	2021 年 7 月 9 日发布《开发者验证软件的最低标准指南》,归纳了 11 类验证测试技术
2021 年 7 月 11 日前,美国国家电信与信息管理局(NTIA)应发布 SBOM 的最低要求(4f)	2021 年 7 月 12 日发布《SBOM 最低要求》,包括数据字段、自动化支持、实践和过程等
2021 年 11 月 8 日前,发布加强软件供应链安全初步指南(4c)	初步指南包括关键软件定义及安全措施、已有行业标准及工具、《NIST SP 800-161 系统和组织网络安全供应链风险管理实践》第二次修订版草案中的最佳实践等。10 月 28 日发布草案并征求意见至 12 月 10 日,最终版尚未发布

EO 14028 要求	对应标准指南（截至 2022 年 2 月 11 日）
4c 发布 90 天内，发布加强软件供应链安全的实践指南(4e)	2022 年 2 月 4 日发布《NIST SP 800-218 安全软件开发框架（SSDF）》第 1.1 版和《根据 EO 140284e 制定的软件供应链安全指导》
2022 年 2 月 6 日前，启动标识试点计划(4s)	2022 年 2 月 4 日发布《消费类软件网络安全标识推荐标准》和《消费类 IoT 产品网络安全标识推荐标准》
2022 年 2 月 6 日前，确定标识计划的物联网（IoT）安全标准(4t)	
2022 年 2 月 6 日前，确定安全软件开发实践或软件标识计划标准(4u)	
2022 年 5 月 8 日前，发布补充指南(4d)	未开展

资料来源：国家工业信息安全发展研究中心整理。

　　欧盟等国家和地区也发布了系列政策，巩固软件供应链安全。2013 年 2 月颁布《欧盟网络安全战略》，要求采取措施确保用于关键基础设施的硬件和软件值得信赖和安全可靠。2015 年 8 月，欧洲网络与信息安全局（ENISA）发布《供应链完整性：ICT 供应链风险和挑战概述和未来愿景》，强调保障 ICT 供应链完整性对于国家经济发展至关重要。2022 年 10 月，欧盟公布《网络弹性法案》，对软硬件产品安全开发、安全评估作出明确要求。

（二）提升创新能力，为保持全球供应链控制力和主导权提供支撑

　　创新能力是产业链供应链安全稳定的基石。以美国为主的发达国家高度重视产业技术创新，将软件作为未来竞争的战略制高点予以大力布局，提升创新链对产业链供应链的支撑能力。20 世纪 90 年代以来，美国先后发布"国家信息基础设施行动纲领""面向 21 世纪的信息技术计划""量子信息科学国家战略"等系列战略和计划，始终将软件等高科技产业置于战略优先发展地位。

近年来，为确保国家竞争力，美国密集发布战略文件和提案①，2018 年发布的《美国先进制造全球领导力战略》，要求重点发展平台和算法等技术产品，运用软件促进制造业数字化转型；2020 年发布的《关键与新兴技术国家战略》《创新和竞争法案》等，要求加大投入，优先发展人工智能、量子计算等关键信息技术；2022 年，美国通过《芯片和科学法案》②，通过启动数千亿美元投资，强化美国芯片产业"软硬一体"布局，全面提升芯片研发设计、生产制造能力，巩固在世界产业链供应链的领先地位和主导权；同年，美国国防部发布《软件现代化战略》，强调软件现代化是国防现代化的必由之路，通过建设推广软件工厂等实践，以更大规模、更快速度生产安全且具有弹性的软件，提升军事软件工程能力。

（三）健全监管手段，建立供应链评估审查监测的常态化机制

为监测重点领域的产业链供应链安全，早在 2019 年，美国就出台了《国防授权法案》《外国投资风险评估现代化法案》等相关法案，明确供应链风险控制和审查的具体要求。2021 年 2 月，美国发布《关于美国供应链的第 14017 号行政令》，要求对半导体制造与先进封装、医药用品等关键产业的供应链风险和韧性进行评估，同时完成国防工业基础、公共卫生和生物防御产业基础、信息和通信技术产业基础、能源工业基础、运输工业基础、农产品和食品生产等 6 个基

---

① "Request for Information on Open-Source Software Security: Areas of Long-Term Focus and Prioritization", https://www.federalregister.gov/documents/2023/08/10/2023-17239/request-for-information-on-open-source-software-security-areas-of-long-term-focus-and-prioritization.

② 《芯片和科学法案》, https://baike.baidu.com/item/% E8% 8A% AF% E7% 89% 87% E5% 92% 8C% E7% A7% 91% E5% AD% A6% E6% B3% 95% E6% A1% 88/61828290? fr=ge_ ala.

础领域供应链评估，为解决供应链上薄弱环节提出备选方案。2023年，美国发布《国家网络安全战略》及其配套实施计划，提出通过供应链审查等手段推动供应链多元化，确保对 ICT 产品和服务供应链的全球控制力和主导权。

欧盟、日本、韩国也纷纷建立软件供应链评估审查监测机制，通过加强国际合作，稳固产业链供应链安全。欧盟于 2021 年 5 月公布新的产业战略，加大对半导体、云计算等涉及欧洲共同利益的重点产业和重要项目的投入力度，提高产业链供应链的本地化比重，减少技术创新与市场应用的对外依赖。日本设立"海外供应链多元化项目"，投资核心材料、零部件、关键软件等领域"保供"，缓解海外供应链集中度过高带来的风险。韩国发布"材料、零部件和设备 2.0 战略"，建立供应链重点产品管理名录，范围由最初确定的半导体、显示器、汽车、电子电器、机械金属、基础化学等领域拓展至生物、能源、机器人等新兴产业。

（四）夯实支撑体系，构建公私部门联动的软件供应链保障服务能力

组织保障方面，美国国土安全部网络安全和基础设施安全局（CISA）设立专职机构，专注于政府软件供应链安全并负责向政府机构、行业及其他合作方提供供应链风险管理政策及技术指导。美国白宫聚焦开源软件安全议题，连续两次组织召开峰会，基本建立由政府统筹指导、开源安全基金会（openSSF）组织推进、科技巨头深度参与的协同共治体系，行业带动效应凸显。

行业通用实践方面，头部企业积极推动建立软件供应链指导框架和"事实标准"。谷歌提出"软件制品供应链级别"（Supply Chain Levels for Software Artifacts，SLSA），探索建立软件供应链安全管理框架和等级认证机制，支持软件防篡改和完整性保护。长期来看，

SLSA 将成为软件供应链管理领域的国际标准或"事实标准",帮助开源项目和企业对标提升软件供应链安全能力,为政府部门开展软件供应链安全监管、漏洞追踪、进出口管制等提供参考依据。

技术支撑方面,谷歌、微软、亚马逊等头部企业在软件供应链治理工具研发、标准制定、漏洞管理、资金支持、人才培养等方面积极发力,初步建立了包括软件供应链威胁建模分析、源代码审核、自动化测试在内的技术体系,通过对开源代码进行安全验证和组件标识,提升商业软件产品的安全性和安全漏洞处置的及时性。

四　我国软件供应链管理存在的问题和不足

党的二十大报告提出"着力提升产业链供应链韧性和安全水平"。《中华人民共和国国民经济和社会发展第十四个五年规划和2035 年远景目标纲要》强调要"坚持自主可控、安全高效,分行业做好供应链战略设计和精准施策",为推动软件产业高质量发展,增强产业链供应链的竞争力安全性指明了方向,提供了根本遵循。虽然我国以关键信息基础设施安全保护制度为切入,出台了软件供应链安全监管的有关法规制度,但国内软件供应链管理和保障体系仍处于起步阶段,缺乏整体统筹、协调推进,在制度机制、标准规范、工作体系、意识普及、技术支撑、人才队伍等方面仍存在空白和薄弱环节,行业企业对于软件供应链管理存在意识不足、底数不清、责任不明、态势失察、治理失据等突出问题,风险发现、分析、处置、防护等全生命周期管理水平亟待提升。

（一）缺乏顶层设计,我国软件供应链管理工作体系化尚未形成

一是国家层面尚未开展体系化政策设计。软件供应链系统生命周

期的各个环节都可能存在供应链安全风险，需要用系统工程方法体系化、全局性治理。国外各组织机构陆续推进和出台一系列针对软件供应链的措施和解决方案，而国内还未形成顶层战略与规范流程，缺少统一的治理体系架构、指南和公共服务平台支撑。二是标准化工作尚处于起步阶段。我国大多数相关标准的立项局限于各产业碎片化需求，体系化程度不足，针对软件供应链的安全性测试与漏洞响应机制尚未建立，相关测试能力、工具平台、管理规定、保障措施尚未落实。

（二）基础设施薄弱，不足以支撑软件供应链资源可靠供给和循环畅通

一是关键技术创新研发基础尚不完善。一方面，我国自主研发的核心软件兼容性较差、稳定性不足、可扩展性不强、应用范围过窄，存在"在他国地基上起高楼""基础弱、应用强"等结构性矛盾，亟须完善我国自主软件研发基础。另一方面，我国对于开源等软件新型生产方式的研究尚不充分，且面对 Behance 等国际开源平台"停服"突发问题处于被动局面，我国软件供应链研发环节韧性不足。二是软件物料清单（SBOM）体系建设亟待推进。我国软件产业链现代化升级正处于爬坡过坎的重要阶段，增强软件产业链韧性的重要性和紧迫性愈发凸显，SBOM 体系建设有助于清晰梳理操作系统内核层关键技术文件系统和进程管理技术、数据库系统体系架构和并发控制机制等关键核心技术，提高我国软件产业透明度，形成软件供应链环节便于交换传递的接口标准，切实增强产业链完整程度和风险抵抗能力。

（三）管控力度不足，软件供应链评估审查、漏洞管理、标识追溯等管理机制尚不健全

一是软件开发路径复杂导致软件供应链审查评估难度极大。软件设计开发过程中被植入恶意代码及后门程序为软件产品埋下安全隐患，软件供应链中的关键"软件产品与组件"的组成成分中蕴含了大量未知的风险，形成了包含复杂技术体系、多元产品组件及各路开发者、供应者与消费者的庞大产业生态，不断的技术迭代与产业发展促使软件供应链愈加复杂。二是软件持续迭代导致软件安全审查复杂度升级。软件开发标准、版本、相关企业都处在高度的不确定中，不同时期开发的软件所遵循的标准、编译工具、运行环境等元素都处于动态的发展变化中，导致开发风险审查难度进一步增大。三是软件安全审查缺乏高效的梳理工具与手段。由于并未形成统一且规范的软件发布渠道，一些工具往往会在未经专业安全检验的情况下对外发布。软件安全审查涉及供应商安全准入资格审核、软件安全能力评估、软件供应商安全管理要求等系统工程，而目前我国缺乏高效的梳理工具与手段，获取准确的资产清单难度较高，导致软件供应链安全管理所面临的复杂性和难度非同一般。

（四）企业防线不牢，各类企业意识和能力水平不一，难以统一部署落实防护措施

一是龙头企业重视并落实软件供应链管理。华为要求供应商提供SBOM清单，进行供应商安全体系和质量管理体系认证（未来会着重关注开源漏洞和维护管理），并签署第三方维保协议，以覆盖华为相关产品的全生命周期。华为要求供应商交付时提供软件的哈希或数字签名、内嵌的软件物料清单，配合扫描和管理性校验后，方可进入华为中心仓，无法满足此要求的企业需进行整改。二是中小企业软件供应链管理意识和能力不足。众多中小型供应商尚未形成开源漏洞管理和安全的意识，亟待行业主管部门加大宣传培训力度。中小型企业难以负担较高的开源安全管理和维护成本，国家亟须出台相关标准，提升产业复用水平，减轻华为或各中小厂商供应链管理成本负担。

五 下一步建议

一是建顶层，健全软件供应链相关法规政策标准。持续完善法律政策标准互相衔接、互为补充的规则体系。推动在网络安全管理、关键信息基础设施安全保护等法规制修订过程中，研究增加软件供应链相关内容或条款，将建立软件供应链管理策略、保证采购关键软件产品和服务的安全性和可控性纳入关键信息基础设施运营者的安全责任和义务。重点推进 SBOM 数据格式、软件代码签名、软件成分标识、软件供应链成熟度评估等关键标准的研究制定；大力推动软件能力成熟度（CSMM）贯标评定，指导企业提升软件开发过程管理能力。

二是察底数，推进软件物料清单体系建设。制定软件物料清单统一标准，加强软件供应链上下游推广应用，提升软件关键组件的可追溯性。围绕党政、金融、船舶、石化、航空等重点行业领域，在确保安全可控的前提下，探索建立软件供应链透明化机制，将软件物料清单纳入采购管理要求，在交付软件产品和服务的同时提供软件物料清单。支持软件物料清单管理平台建设，发挥国内专业技术队伍力量，面向开源社区、行业企业等，提供软件物料清单生成、代码审计、动态监测、风险预警等技术支持和公共服务，确保在发现开源代码、第三方库等漏洞缺陷时，能够对其影响范围进行追踪和排查，提升软件供应链风险防范和处置修复能力。

三是促落实，推动企业提升开源软件全生命周期管理能力。借鉴国外软件制品供应链等级认证（SLSA）等做法和经验，研究建立软件供应链能力评估体系，组织开展评估认证试点，鼓励和引导企业对标提升软件供应链管理水平和防护能力，并逐步在行业内进行推广。聚焦企业开源软件管理薄弱环节，通过解决方案征集、示范、推广等方式，加强行业指导管理。

附　录
2023年中国软件产业大事盘点

武洲铭　赵娆　张渊　张畅　陈榕　王昭杰[*]

2023年是全面贯彻党的二十大精神的开局之年，是三年新冠疫情防控转段后经济恢复发展的一年。这一年，国家软件发展战略深入推进，软件"十四五"规划全面实施，软件和信息技术服务业持续保持两位数的产值增速，位居国民经济各行业领域前列，在经济增长中发挥"火车头"作用，展现出强劲的发展势头和广阔的发展前景，各领域创新取得突破。

这一年是应用牵引的一年，自主信息技术软硬件底层架构体系和全周期生态体系逐步构建，关键核心技术和产品服务质量实现新突破。这一年是生态培育的一年，我国持续加强对开源软件的统筹谋划和前瞻布局，推动开源项目、社区、人才发展取得新成效，助力我国开源生态国际化发展。这一年是创新突破的一年，以大模型为代表的生成式人工智能技术爆发式增长，正席卷全球产业，我国大模型创新产品跃上新台阶，AIGC安全治理体系初步构成，大模型真正开始赋能千行百业。这一年是产业突围的一年，软件赋能新型工业化，进一步推动传统产业数字化转型，工业软件自主创新加速，市场空间正逐步打开，崛起突围正当时。

---

* 武洲铭、张畅、陈榕、张渊、王昭杰，国家工业信息安全发展研究中心软件所助理工程师；赵娆，国家工业信息安全发展研究中心软件所工程师，主要从事软件及新一代信息技术、产业生态建设、开源等方面研究。

一 2023年信创行业大事盘点

信息技术应用创新是以科技创新引领现代化产业体系建设的重要手段，密码技术是国家保障网络与信息安全的关键核心技术，推进密码技术与信创产业深度融合，对于发展壮大软件和信息技术服务业，支撑网络强国、数字中国建设具有重要意义。当前，信创产业正加快向行业拓展延伸，围绕信创技术创新、信息安全、产业生态等相关政策密集出台；2023年新修订的《商用密码管理条例》正式施行，对自主信息技术体系提出更高的安全保障要求，为信创密码融合应用发展指明方向。2023年，我国信创和密码产业蓬勃发展，各行业积极响应国家有关政策，推动信创产业转型发展，全栈化、体系化、常态化成为2023年信创产业发展的三大关键词。

（一）国家政策落实落细

1. 财政部与工业和信息化部印发系列政府采购标准

12月26日，财政部、工信部共同发布数据库、操作系统等7种软硬件产品需求标准。标准规定，乡镇以上党政机关，以及乡镇以上党委和政府直属事业单位及部门所属为机关提供支持保障的事业单位，在采购数据库、操作系统、通用服务器、一体式计算机等产品时，应按照需求标准规定的功能、质量等指标要求实施采购活动，并将CPU、操作系统、数据库等基础软硬件是否符合安全可靠测评要求纳入采购需求。

【评论】需求标准的发布将有利于提升国内信创基础软硬件的性能与质量，促使信创招标采购更加公正科学合理，规范信创产业市场化发展，优化信创产品质量监控体系，保障自主计算机的供应链安全，为信创领域"专精特新"企业带来发展机遇，营造良好的产业生态。

2.《安全可靠测评工作指南（试行）》发布

7月28日，中国信息安全测评中心发布《安全可靠测评工作指南（试行）》，对计算机终端和服务器搭载的中央处理器（CPU）、操作系统以及数据库等基础软硬件产品测评进行规范。该文件提出，通过对产品及其研发单位的核心技术、安全保障、持续发展等方面开展评估，评定产品的安全性和可持续性，实现对产品研发设计、生产制造、供应保障、售后维护等全生命周期安全可靠性的综合度量和客观评价。

【评论】12月26日，《安全可靠测评结果公告（2023年第1号）》发布，对CPU、操作系统、数据库三个方面的安全可靠测评结果予以公布，其中，18款CPU、6款操作系统、11款集中式数据库通过第一批"安全可靠测评"，本次结果的发布，有效配合了信创数据库、操作系统、整机采购标准的发布。

（二）地方政策多点开花

1.北京发布《关于打造国家信创产业高地三年行动方案（2023~2025年）》

12月20日，北京市经济和信息化局、北京经济技术开发区管委会联合制定的《关于打造国家信创产业高地三年行动方案（2023~2025年）》对外发布。行动方案提出，到2025年，北京要在全国率先建成技术领先、企业集聚、方案突出、服务完备的信创产业高质量发展体系，打造100个信创应用场景，集聚400家信创企业，引培万名产业人才，信创产业规模突破1000亿元。

【评论】这是继5月发布《北京市关于加快打造信息技术应用创新产业高地的若干政策措施》之后，北京出台的第二部信创产业专项政策。该行动方案的发布将带动京津冀网络安全产业发展，助力北京率先建成产品技术领先、龙头企业集聚、解决方案突出、配套服务完备的信创产业高质量发展体系。

2. 福州印发《关于扶持信创产业发展壮大的措施》

10月8日，福州高新区政府部门印发《关于扶持信创产业发展壮大的措施》，扶持政策的适用对象是在福州高新区，且入驻福建省信创产业园区的信创产业企业。扶持政策主要围绕租金补助、增产增效奖励、园区招商奖励等方面做出奖补规定，奖励标准高于福州高新区现行普惠型政策。

3. 广东印发《广州市进一步促进软件和信息技术服务业高质量发展的若干措施》

8月28日，广东省人民政府办公厅印发《广州市进一步促进软件和信息技术服务业高质量发展的若干措施》，鼓励企事业单位制定信息技术应用创新产品行业、团体等标准。引导搭建信息技术应用创新适配测试中心、行业适配中心等公共服务平台。加快推动信息技术应用创新技术产品和解决方案在重点行业领域的应用推广。推动国资国企加大应用场景开放力度，鼓励采用信息技术应用创新路线开展信息化项目建设。

4. 济南印发《济南市加快软件名城提档升级三年行动计划（2023~2025年）》

3月7日，济南市人民政府办公厅印发《济南市加快软件名城提档升级三年行动计划（2023~2025年）》，行动计划提出支持信创产业链式发展，发挥整机企业带动作用，围绕政务、金融、教育、能源、交通、环保等重点领域需求，实施信创产品应用示范工程，引育操作系统、流式版式软件企业，完善整机、中间件、数据库、流版签软件等产业链环节，实现全产业链自主可控。发挥各类机构作用，开展攻关、适配和推广工作。完善提升信创集群省级"十强"产业"雁阵型"集群发展能级，争创国家新型工业化产业示范基地（信创）。到 2025 年，建成具有全国影响力的信创产业集聚高地。

（三）技术产品全栈突破

1. 龙芯发布新一代国产 CPU

11 月 28 日，龙芯发布新一代国产 CPU——龙芯 3A6000，龙芯 3A6000 处理器采用龙芯自主指令系统龙架构，无须依赖任何国外授权技术，是我国自主研发、自主可控的新一代通用处理器，龙芯 3A6000 完善了对软硬协同的二进制翻译的支持，可提高二进制翻译效率，运行更多种类的跨平台应用，满足各类大型复杂桌面应用场景。

【评论】龙芯 3A6000 的推出，标志着我国自主研发的 CPU 在自主可控程度和产品性能方面达到新高度，性能达到国际主流产品水平。

2. openKylin 2.0 Alpha 版发布

12 月 21 日，openKylin 2.0 Alpha 版发布，新版本可支撑多种主流 AI 框架，并提供 openKylin AI 框架安装助手，为开发者构建人工智能应用提供了便利的环境和工具。openKylin 是通过开放操作系统源代码的方式、由众多开发者共同参与研发的国产开源操作系统，此前发布的 openKylin 1.0 版本支持桌面 AI 大模型插件和智能语音助手功能，从智能输入、智能输出两方面入手，深度融合 AI 技术，推动桌面操作系统智能交互创新发展。

【评论】openKylin 与人工智能的结合，可为人工智能技术的发展提供可靠的基础平台，体现了 openKylin 社区已具备构建根社区独立上游的能力，保障了 openKylin 操作系统编译性能、运行兼容性、音视频处理能力、文件读写性能、网络稳定性、图像显示能力及安全性。

3. 腾讯云数据库 TDSQL 以 8.14 亿记录登顶 TPC-C 排行榜

3 月 30 日，国际事务处理性能委员会（Transaction Processing

Performance Council，TPC）发布了最新榜单：腾讯云数据库 TDSQL 刷新纪录，以 8.14 亿的 tpmC 和每 tpmC 成本 1.27 元人民币的评测成绩，实现 tpmC 和性价比双榜世界第一，这也标志着国产数据库 TDSQL 的分布式架构设计和资源调度能力，均达到了业界顶级水平。

【评论】TDSQL 在 TPC-C 榜单上的突破标志着国产数据库核心能力的快速发展和日趋成熟，为国产数据库的研发和使用增强信心。国产数据库只有持续在各种各样的应用场景下打磨，才能不断取得新的技术突破。

（四）产业生态加速融合

1. 中国电子 PKS 生态与华为鲲鹏生态合并

7 月 12 日，中国电子信息产业集团有限公司与华为技术有限公司宣布，双方决定合并鲲鹏生态和 PKS 生态，共同打造同时支持鲲鹏和飞腾处理器的"鹏腾"生态。合并后的"鹏腾"生态将充分发挥中国电子和华为的各自优势，双方将在产业标准、伙伴计划、技术协同、开源贡献、市场营销、人才培养等多方面展开深度合作。通过构建统一的"鹏腾"生态，将简化生态伙伴的软硬件适配和认证，基于"鹏腾"生态系统的合作伙伴产品和解决方案将更加丰富，有望在更多行业中得到应用。

【评论】鲲鹏生态与 PKS 生态合并后，一方面可以抵消一部分 CPU 断供的风险、降低软件的适配成本、加速生态深耕和扩张；另一方面则能利用双方互补优势，做大做强国内市场。合并后的"鹏腾"生态，是两大国产 ARM 架构 CPU 从单打独斗到携手并进的重要转折点，将对国产 CPU 行业起到深远影响。

2. "数智赋能 创新领航"2023年数字化转型自主创新解决方案优选结果公示

为提升自主创新产品质量和技术创新能力，助力重点行业自主可控基础设施建设，加速重点行业数字化转型工作进程，促进重点行业产业链数字化升级，推动重点行业数字化、网络化、智能化发展，国家工业信息安全发展研究中心与中国交通建设集团有限公司、中国海洋石油集团有限公司共同主办，于7月上旬开展了"数智赋能 创新领航"2023年数字化转型自主创新解决方案优选征集工作。最终评审出20个基础支撑类、24个应用软件类、8个安全防护类、8个新兴技术类，共计60个解决方案优选案例。

3. 信创工委会新增安全启动和大模型工作组

4月19日，中国电子工业标准化技术协会信息技术应用创新工作委员会成立WG35安全启动签名组、WG36AI大模型产业应用组。安全启动签名组的建立将支持基础软硬件厂商围绕安全启动国产签名认证体系开展技术和生态合作，开展兼容适配、测试验证工作。大模型产业应用组的建立标志着AI大模型为信创市场注入新活力，加大核心技术研发力度，提升自主创新能力，成为信创行业谋求高质量发展的重要抓手。

【评论】随着大模型技术深入应用发展，基于自主信息技术体系的智能算力需求将加速释放，带来信创产业和新兴技术融合发展的新机遇，国内信创AI算力的建设即将进入崭新的发展阶段。

4.《交通运输信息技术应用创新适配测评总体要求》发布

12月19日，由中国交通运输协会信息专业委员会提出，国家工业信息安全发展研究中心参与编制的《交通运输信息技术应用创新适配测评总体要求》团标发布，自2023年12月31日起实施。该标准规定了交通运输行业信创适配要求和测评要求，包含基础软件和基础硬件适配认定和验证，以及应用软件测评要求。适用于交通运输行业信创适配测评分类范围中的应用软件建设方、应用软件测评需求方及应用软件测评提供方开展信创应用软件测评工作。

（五）国产密码深入应用

1. 统信桌面和服务器操作系统通过商用密码产品认证

1月28日，统信桌面操作系统和服务器操作系统通过国家密码管理局商用密码检测中心《密码模块安全技术要求》第二级要求，率先获颁《商用密码产品认证证书》，产品遵循 GM/T 0005 - 2012《随机性检测规范》等多项密码标准规范，具备为应用程序提供身份认证、数据加解密、签名校验等底层安全能力，可有效保障用户数据安全和隐私安全。

2. 华为发布全面自研密码套件 openHiTLS

9月21日，华为发布基础中间件开源项目——全面自研密码套件 openHiTLS，通过轻量级、可剪裁的软件技术架构，实现 ARM 架构服务器商密全栈性能提升，并通过算法原语实现层快速对接密码设备，软硬协同提升算法性能，满足不同场景的多样化要求。

【评论】当前国产密码应用快速发展，性能、资源、软硬件生态成为业务发展的迫切诉求，openHiTLS 的发布通过开源共建共享，推动国内密码安全标准的快速应用发展，促进国产密码在各行各业应用落地。

3. 商用密码检测机构市场规范化发展

9月11日，《商用密码检测机构管理办法》由国家密码管理局审议通过，自2023年11月1日起施行。该办法根据商用密码检测机构管理现实需要，对检测机构资质认定、监督管理等提出明确要求，系统设计商用密码检测机构管理体系，细化明确商用密码检测活动要求，严格规范检测机构从业行为。

【评论】《商用密码检测机构管理办法》制定是商密检测机构规范化管理的迫切需要，随着商用密码产业的持续发展和应用需求的不断提升，商用密码检测需求显著增加，办法的出台对于规范检测机构市场准入及从业行为、促进商用密码检测行业健康发展具有重要意义。

二 2023年开源大事盘点

开源已发展成为数字空间高水平协同创新的经典范式，为科技进步和产业发展提供强劲动力。2023年，我国地方开源支持政策持续落地，企业自主创新能力不断增强，开源生态国际化程度更加深入，开源体系建设正从平稳起步迈向加速繁荣的新阶段。同时，开源逐步由软件开发主流模式走向软硬一体化协同发展，软件供应链安全问题也受到国内外各方高度关注。国际化、软硬协同、开源安全成为2023年开源生态发展的三大关键词。

（一）各地争相布局，持续推动开源产业发展

1.北京国际开源社区在经开区启航

6月11日，北京国际开源社区在2023开放原子全球开源峰会上正式揭幕。在工业和信息化部、北京市政府的共同指导下，经开区积极推动北京国际开源社区建设，以通明湖信息城为载体，以开放原子开源基金会为基础，通过建设开源代码托管平台基础设施，部署基础性、前瞻性开源项目，建设优秀开源根社区，不断提升开源治理能力，加快繁荣开源生态，打造立足中国、面向全球、国际一流的开源高地。

【评论】为落实国家软件发展战略和《"十四五"软件和信息技术服务业发展规划》中开源相关任务部署，北京市以开源基金会为基础，发挥资源集聚优势，持续释放北京市开源发展潜能，加快繁荣我国开源生态。

2.深圳发力，打造开源操作系统产业高地

7月28日，深圳市工业和信息化局印发《深圳市推动开源鸿蒙欧拉产业创新发展行动计划（2023～2025年）》，瞄准最高最优最强，通过培育和吸引更多企业、更多人才、更多产业组织集聚深圳发

展开源鸿蒙欧拉产业，力争率先将深圳建成核心技术领先、产业高度集聚、应用场景丰富、生态支撑完备、全球辐射引领的开源鸿蒙欧拉产业高地。

3. 武汉"光谷软件十条"发布，支持构建开源生态

8月17日，武汉东湖高新区正式发布《加快促进软件和信息技术服务业创新发展的若干措施》（"光谷软件十条"），积极推进打造开源生态，为开源相关服务平台建设、采购、软件开发、创业项目和活动等予以资金支持。其中，新建开源服务平台最高可获得3000万元的资助；基于重大开源项目的原创软件开发，符合条件的单个产品可获最高1000万元资助。

4. 重庆加速培育软件开源创新生态

9月18日，重庆市经济和信息化委员会印发《重庆市加速培育软件开源创新生态助力中国软件名城建设实施方案》，提出培育优质开源项目、打造特色开源社区、加速集聚开源企业、完善开源治理生态、推进开源行业应用、加强对外开放合作六项主要任务。

【评论】当前众研、众创、众用的开源软件生态正在加速形成，开放、平等、协作、共享的开源模式已成为全球软件技术和产业创新的主导方式，重庆市政府加快培育开源软件生态是西部地区建设开源软件产业新高地的有力举措，对于推动西部地区软件产业发展和提升整体竞争力具有重要意义。

（二）基础软件和新兴技术全面拥抱开源，开源项目多点开花

1. 中电科普华基础软件推出全球首个开源车用操作系统微内核"蠚"

5月27日，在中国汽车工业协会主办的T10 ICV CTO闭门峰会上，中电科普华基础软件正式向行业开放了"蠚"（EasyAda）微内核源代码。"蠚"是一个基于汽车操作系统微内核技术构建的创新平

台。作为全球首个开源的面向智能驾驶的车用操作系统微内核，将通过对底层原创技术开源，打造共建、共享、共治的创新产业生态，加速研发新一代自主车用操作系统。

【评论】在智能汽车时代，打造自主可控、开源共建的"中国版"车用操作系统已成业界共识。"齱"作为全球首个开源的车用操作系统微内核，标志着中国汽车产业在智能网联汽车发展模式上，走向更高水平开放。

2. 华为宣布开源"CANTIAN"引擎

8月25日，华为正式宣布开源"CANTIAN"引擎。经过与生态伙伴联合测试，"CANTIAN"引擎可帮助数据库单节点故障在30秒内恢复业务。华为表示，"CANTIAN"引擎将坚定支持 PG、MySQL 开源社区及相关商业数据库，增强存算分离和多读多写能力，推动国产数据库向多主架构升级。

3. Meta 发布开源大语言模型 Llama 2，可免费商用

7月18日，在微软的 Inspire 合作伙伴大会上，Meta 宣布和微软深化合作，正式推出新一代开源大型语言模型 Llama 2，并将该模型免费开放给商业和研究使用。根据 Meta 的官方数据，Llama 2 相较于上一代其训练数据提升了40%，并在推理、编码、熟练度和知识测试等许多外部基准测试中，都有超过其他开源模型的表现。

【评论】在 AI 大模型的战场中，开源与闭源之间的博弈愈发引人注目。开源 AI 的迅猛崛起，特别是 Llama 2 的璀璨亮相，使开源大模型迅速缩短了与闭源大模型的差距。这一变革性的力量，正成为推动大模型行业进一步繁荣的关键驱动力，其影响力不容小觑。

4. GitHub 年度报告指出，新兴技术开源成为大势所趋

11月8日，GitHub 发布了2023年度 Octoverse 开源状态报告。报告指出，2023年生成式人工智能领域项目呈爆发式增长，总数达到65000个，同比增长248%，表明该领域的研究和应用正处于飞

速发展之中，约92%的开发人员在使用或尝试 AI 编码工具。此外，从区域发展来看，美国、中国、印度和日本等国家开源活跃度高，为全球开源发展贡献智力资源。

（三）我国开源国际化程度加深，已成为全球开源生态的重要策源地

1. 开放原子开源基金会与 Eclipse 基金会签署合作协议

11 月 21 日，开放原子开源基金会与 Eclipse 基金会基于 OpenHarmony 的开源项目 Oniro 签署合作协议。这是开源历史上第一次两个基金会通过代码、品牌、IP、认证等方式共同发展一个开源生态，为开源业内提供了合作的新典范，为开源全球合作探索了发展的新范式。同时也是国内开源基金会第一次同海外基金会完成合作签约，双方将在技术项目、开发者生态、营销活动上发挥各自优势，共同在世界范围内推动开源项目发展。

2. 英特尔中国开源技术委员会成立

2 月 24 日，在 2023 年英特尔中国战略媒体沟通会上，英特尔公司宣布成立英特尔中国开源技术委员会。该委员会由英特尔开源软件专家、产品技术负责人和社区运营专家组成，将致力于引领技术趋势、共建繁荣社区、推动软件产业、培育创新项目，在中国开源项目、社区合作、开发者技术支持等方面展开工作，与合作伙伴和各大开源社区展开交流，共同打造开放生态。

【评论】英特尔中国开源技术委员会的成立，意味着英特尔将更加深入地与中国的开放生态融合，为中国产业伙伴提供更有力的支持，而我国软件产业也可以利用英特尔最新技术、开源项目和生态资源，推动更深层次的本土创新。

3. 英特尔成为 openEuler 社区黄金捐赠人

12 月 16 日，英特尔宣布正式成为 openEuler 社区的黄金捐赠人，

将携手产业界共建操作系统生态底座，为全球开发者提供更优质的资源和支持。英特尔表示，未来将持续把英特尔的上游开源项目集成到openEuler，并与 openEuler 共同在 AI 上持续发力，从软硬协同使能AI 算力，满足各行业对于 AI 智算技术的需求。

（四）开源生态建设加速，逐步走向软硬一体化协同发展

1. 开源生态健康评估平台"开源指南针 OSS Compass"发布

2 月 21 日，我国首个开源生态健康评估平台开源指南针 OSS Compass 正式发布。目前，OSS Compass 构建了一个包括生产力、稳健性、创新力三个维度，涵盖 14 个指标模型在内的开源生态评估体系，面向 GitHub、Gitee 等平台所有开源项目开放。国家工业信息安全发展研究中心作为 OSS Compass 协作开发单位，联合国内高校、科研机构、大型社区、重点企业等优势主体，共同发起"开源社区发展提质行动"，下一步将协同开展开源社区发展水平研究与实践，助力我国开源生态可持续发展。

【评论】开源社区是开源生态的关键要素之一，是承载开源技术创新、产业协作、成果产出等全过程活动的新型载体。当前，国内开源社区数量超过 500 个，但普遍处于无序发展状态，加快构建科学权威有效的开源社区评估体系，深化评估服务的共建、共享、共用，对凝聚国内开源社区发展共识、引导社区能力提升、支撑优质社区培育具有重要意义。

2. Linux 基金会启动 RISC-V 软件生态系统项目

5 月 31 日，Linux 基金会宣布启动 RISC-V 软件生态系统（The RISC-V Software Ecosystem，RISE）项目。RISE 由欧洲 Linux 基金会主办，由 Andes、谷歌、英特尔、Imagination Technologies、联发科、NVIDIA 等行业领导者共同推动，旨在加快 RISC-V 架构开源软件的开发，加快提升软件各种细分市场中高性能 RISC-V 架构的可用性，

目标细分市场包括移动、消费电子、数据中心和汽车等。

【评价】随着 RISC-V 迈向更高性能、更多场景的应用新阶段，RISC-V 需要优质、安全、可信赖及经过市场验证的软件体系支撑。RISE 将优化和拓展 RISC-V 基础软件及应用，推动 RISC-V 架构在不同操作系统上实现快速移植，缩短处理器从硬件研发到应用落地的时间，进而加速 RISC-V 应用商业化进程。

3. "2023年度 openEuler 领先商业实践"案例揭晓

12 月 15 日，操作系统大会 & openEuler Summit 2023 在京召开。会上，国家工业信息安全发展研究中心联合 OpenAtom openEuler 社区，对公开征集遴选出的 15 家行业用户授予 "2023 年度 openEuler 领先商业实践" 称号，旨在发挥 openEuler 领先商业实践在行业内的示范带动作用，促进形成规模化应用，引导更多新行业新领域应用落地，推动产用两侧实现良性互促，加快构筑繁荣共赢的产业生态。

【评论】近年来，在国内企业坚持不懈的探索和实践下，我国基础软件产业走出了一条以开源共建方式，凝聚全产业链力量，加速研发突破和迭代应用的创新发展道路。12 月 28 日，"openGuass 标杆应用实践案例" 也正式发布，表明我国操作系统、数据库等产业生态愈发成熟，正在逐步突破 "缺技术" "少生态" 的局面。

（五）开源安全问题日渐凸显，供应链安全治理成为全球各方关注焦点

1. 美国网络安全与基础设施安全局发布开源软件安全路线图

9 月 12 日，美国网络安全与基础设施安全局（CISA）发布了一份开源软件安全路线图，旨在确保美国开源软件生态系统安全。该路线图列出了保护美国开源软件生态系统的 4 项目标：确立 CISA 在支持开源软件安全方面的作用、提高开源软件使用和风险的可见性、降低联邦政府的风险、强化开源生态系统。该路线图与拜登政府《国

家网络安全战略》保持一致，还概述了与开源软件社区合作、扩大国际开源合作伙伴合作以及开发开源软件风险优先级框架的目标。

【评价】路线图明确了开源软件的数字公共物品属性，高度关注开源软件漏洞"连锁"效应、供应链"投毒"等两类特有风险，实行美国政府网络和关键基础设施"小核心"重点保护，强化开源生态系统"大范围"联动协作，构建开源软件安全保障整体工作格局，对我国加快提升开源供应链安全保障能力具有借鉴意义。

2. 美国国家安全局发布《保护软件供应链：管理开源软件和软件物料清单的建议实践》

12 月 11 日，美国国家安全局（NSA）、国家情报总监办公室（ODNI）以及网络安全和基础设施安全局（CISA）发布了《保护软件供应链：管理开源软件和软件物料清单的建议实践》，为开源软件和软件物料清单（SBOM）的行业最佳实践提供指导。该报告涵盖开发活动、软件供应链安全实践，以及对开源选择标准、风险评估、许可、出口管制、维护、漏洞响应、安全软件和 SBOM 交付等领域的建议，以遏制开源软件使用带来的风险。

3. 我国开源社区软件物料清单（SBOM）平台建设积极推进

2023 年，在工业和信息化部指导下，由国家工业信息安全发展研究中心牵头，联合高校、科研院所、龙头企业、行业用户等优势主体，共同参与开源社区软件物料清单（SBOM）平台项目建设。该项目将重点在 SBOM 关键工具研发、资源库构建、管理平台建设、标准规范制定等方面开展工作，旨在建立我国开源软件物料清单管理的标准体系、关键技术手段和公共服务能力，为我国软件产业链供应链安全和韧性管理提供支撑和保障。

【评价】近年来，我国高度重视软件供应链安全，不断推动 SBOM 在软件高质量发展方面发挥积极作用。"开源社区软件物料清单（SBOM）平台项目"的建设，标志着我国开源软件供应链重大基础设施建设工作迈出重要一步，对推动我国构建高质量开源软件供应链体系，降低开源软件供应链风险具有重要意义。

三　2023年工业软件大事盘点

全国新型工业化推进大会提出，着力提升产业链供应链韧性和安全水平，着力补短板、锻长板，加快建设制造强国。工业软件事关发展和安全的战略需求，是推进智能制造的重要基础和核心支撑，对保障民生及国家安全、赋能新型工业化发展至关重要。2023年，我国工业软件发展全面奋进，破浪前行，政策加持、创新驱动成效明显，国产工业软件产品不断取得新突破，行业热度持续升温，资本市场越发活跃。突破重围、自主创新、产业协同成为2023年我国工业软件发展的三大关键词。

（一）政策持续加码，地方工业软件发展活力迸发

1.国家战略：《质量强国建设纲要》强调工业软件产业链供应链安全保障

2月6日，中共中央、国务院印发《质量强国建设纲要》，明确了六方面主要目标和八大重点任务。其中，在增强产业质量竞争力方面，纲要提出强化产业基础质量支撑，支持通用基础软件、工业软件、平台软件、应用软件工程化开发，实现工业质量分析与控制软件关键技术突破。加强技术创新、标准研制、计量测试、合格评定、知识产权、工业数据等产业技术基础能力建设，加快产业基础高级化进程。

【评论】新时代新征程，以中国式现代化全面推进强国建设、民族复兴伟业，实现新型工业化是关键任务，工业软件作为智能制造的重要基础和核心支撑，对保障民生及国家安全，赋能新型工业化发展

至关重要。国家高度重视工业软件发展，已将增强工业软件产业链供应链安全保障提升至国家战略层面。

2. 高级别座谈：工信部召开"促进工业软件高质量发展"重点建议提案办理座谈会

8月3日，工信部召开"促进工业软件高质量发展"重点建议提案办理座谈会，就推动工业软件高质量发展开展座谈交流，面对面听取代表委员对建议提案办理情况的意见。工业和信息化部党组成员、副部长王江平出席会议并讲话，全国人大财政经济委员会等有关负责同志参加会议。会议强调，要深刻认识工业软件高质量发展的重要意义，不断完善政策举措，提升工业软件发展水平。凝聚政产学研用金多方合力，协调各方资源，发挥各方优势，以更大力度支持工业软件发展。

【评论】工业软件作为推动制造业升级的核心力量，对于提高产业智能化水平、推动经济创新发展具有不可替代的作用。建议提案作为提升决策水平、增强履职能力的有效途径，未来将转化为推动工业软件高质量发展的具体举措，共同构建完善的产业生态，切实提升产业链韧性和安全水平，奋力开创制造强国、网络强国和数字中国建设新局面。

3. 专项政策：辽宁省人民政府办公厅印发《辽宁省加快发展工业软件产业若干措施》

12月9日，辽宁省人民政府办公厅发布《辽宁省加快发展工业软件产业若干措施》，提出鼓励自主技术研发。支持聚焦工业典型应用场景需求，开展底层和源头技术协同攻关，重点突破工业设计、工业仿真、工业控制、数字孪生、智能算法、工业机理模型、工控安全等关键技术。对国家立项的工业软件类重大项目，按照国家规定的地方配套资金要求给予支持。对列入数字辽宁智造强省、省科技计划的项目，给予最高1000万元资金支持。

【评论】各地针对国家工业软件发展政策的有关部署，发布多项工业软件鼓励政策措施，推动工业软件新业态形成，如《辽宁省加快发展工业软件产业若干措施》《武汉市促进工业软件高质量发展的实施方案》等，地方专项政策的出台有助于扩大产业规模，激发创新活力，汇集优质企业，丰富应用场景，繁荣产业生态。

4. 专项政策：江苏省发布工业软件自主创新专项政策

9月28日，江苏省工信厅发布《关于深化软件名城名园建设加快工业软件自主创新的若干政策（征求意见稿）》，提出到2028年，工业软件产业链规模超5000亿元，打造10个行业应用场景测试中心、3个以上供需结对创新联合体，实现工业软件关键核心技术突破20项，支持250项以上自主工业软件研发应用，形成3个以上具有国际竞争力的工业软件知名品牌，工业软件产业链总体发展水平保持全国前列。

【评论】专项政策展示了江苏省政府在引导工业软件产业发展方面的务实思考和战略规划。通过强化地方产业载体建设、培育优质企业，江苏不仅在技术层面上推进，更在产业体系上谋求全面发展。2023年以来，江苏省政府致力于构建更为自主可控的工业软件技术生态，7月11日，江苏省政府召开工业软件专题会议，9月28日，省工信厅发布《关于深化软件名城名园建设加快工业软件自主创新的若干政策（征求意见稿）》，10月17日，2023年江苏省工业软件优秀产品和应用解决方案征集开展。一系列政策的出台，将有力推动江苏省工业软件产业的持续健康发展。

（二）技术融合创新，我国工业软件产品突出重围

1. **核心产品：沪东中华发布最新一代船舶三维设计软件**

1月11日，在2023高端海洋装备制造业数字化转型高峰论坛上，沪东中华造船（集团）有限公司自主研发的最新一代船舶工业

软件 HDSPD 6.0 正式发布，这不仅一举打破了国外软件对船舶三维 CAD 软件领域的绝对垄断，而且将极大提升中国船舶工业的自主研发能力，对推动我国海洋装备制造业安全、可控和高质量发展具有重大意义。

【评论】船舶工业软件既是船舶研发设计、设备制造和运行维护等全寿命周期管理的核心工具，也是未来数字化智能船舶的"神经中枢"，该产品的发布也标志着我国装备制造数字化转型升级跃上新的台阶，开启新的征程。

2. 协同攻关：华为基本实现14nm 以上 EDA 工具国产化

3 月 31 日，华为举办的"突破乌江天险 实现战略突围——产品研发工具阶段总结与表彰会"上，华为轮值董事长徐直军表示，华为芯片设计 EDA 工具团队联合国内 EDA 企业，共同打造了 14nm 以上工艺所需 EDA 工具，基本实现了 14nm 以上 EDA 工具国产化，预计 2023 年将完成对其全面验证。

【评论】华为实现 14nm 以上 EDA 工具国产化，标志着我国在集成电路设计领域取得了重大突破。通过凝聚国内优势力量，构建自主软件生态，可有效降低对国外 EDA 工具的依赖，进一步推动我国集成电路产业的快速发展。

3. 融合创新：概伦电子与阿里云合作发布 EDA 上云解决方案

4 月 26 日，概伦电子在阿里云合作伙伴大会上发布 EDA 上云联合解决方案，该方案基于概伦电子的泛模拟设计类 EDA 及数字设计类 EDA，并高度集成了阿里云的云原生、数据智能中心、服务平台等 PaaS 层核心产品，优化了传统技术架构，提升了业务迭代效率和用户体验。

【评论】工业软件"上云"已经成为行业发展的重要趋势。概伦电子和阿里云合作实现"EDA 上云"，可有效降低设计成本、提高设计效率，以应对未来芯片来自工艺、应用场景丰富、整体设计规模以及成本的挑战，让整个产业链上下游的紧密合作成为可能。

4. AI 赋能：用友发布企业服务大模型 YonGPT

7 月 27 日，"用友企业服务大模型 YonGPT 产品发布会"在北京召开。YonGPT 作为用友商业创新平台"用友 BIP"的重要组成，能够底层适配业界主流的通用语言大模型，通过提供通用能力服务、领域服务及行业服务，实现业务运营、人机交互、知识生成及应用生成4 个方面的企业智能化。目前，YonGPT 已经研发了包括企业经营洞察、智能订单生成、供应商风控、动态库存优化、智能人才发现、智能招聘、智能预算分析、智能商旅费控、代码生成等数十种基于企业服务大模型赋能的智能应用。

【评论】人工智能大模型赋能工业软件，实现商业创新、重塑发展力。用友 BIP 融合了全新的数字化、智能化技术，重在激发企业自身潜能，而非仅仅实现流程优化、提高业务效率，与上一代以 ERP 为代表的企业软件有着本质区别。

（三）资本市场加持，国产工业软件发展势头正猛

1. 融资上市：浩辰软件上交所科创板成功上市

10 月 10 日，苏州浩辰软件股份有限公司在上交所科创板成功上市，浩辰软件此次发行股份数量为 11218200 股，发行价格为 103.40元/股，募集金额 11.60 亿元。未来，相关资金将用于跨终端 CAD 云平台研发项目、2D CAD 平台软件研发升级项目、3D BIM 平台软件研发项目、全球营销及服务网络建设项目，以工业软件创新实力赋能新型工业化，助力中国智能制造。

【评论】浩辰软件在上交所科创板成功上市，充分体现了国内市场对工业软件赛道的密切关注，以及对浩辰软件业务模式的认可。通过融资上市等市场手段，将有助于国内工业软件企业进一步扩大规

模、提升技术实力、增强国际竞争力。

2. 融资上市：索辰科技在科创板上市

4月18日，上海索辰信息科技股份有限公司在上海证券交易所科创板上市，发行价格为245.56元/股，本次发行股票数量为1033.34万股，募集资金总额为25.37亿元。据此前招股书披露，索辰科技拟募资10.09亿元（后下调至9.69亿元），将用于研发中心建设项目、工业仿真云项目、年产260台DEMX水下噪声测试仪建设项目、营销网络建设项目以及补充流动资金，此次成功上市意味着索辰科技成为国内CAE第一股。

【评论】近年来，工业软件出现资本热潮，CAD及EDA领域相继出现首家国产上市企业，此次国产CAE公司索辰科技成功在科创板上市，成为国产CAE第一股。各细分领域工业软件龙头陆续进场，资本浪潮方兴未艾，国产工业软件投资热度持续攀升。

3. 战略整合：中望软件全资收购英国商业流体仿真软件PHOENICS

10月8日，广州中望龙腾软件股份有限公司宣布以全资控股方式收购英国老牌商业流体仿真软件企业CHAM，中望软件将拥有该公司旗下流体仿真软件PHOENICS的全部源代码及核心技术，其在英国、日本的研发及业务团队也将全员加入中望软件，与中望软件团队一起共同为全球PHOENICS客户提供服务。至此，中望软件正式进入商业流体仿真领域，加速打造包括结构、电磁、流体在内的中望软件多学科多物理场仿真解决方案。

【评论】企业并购是工业软件企业近20年来发展的主旋律，达索、PTC、Ansys等行业巨头都围绕各自发展战略持续开展并购，不断扩展业务布局。通过此次收购，中望软件将切实提高产品竞争力，进一步加快CAX领域布局，为塑造更多工业软件龙头企业提供有力支撑。

（四）行业共同发力，自主工业软件生态渐入佳境

1. 创新大会：高端工业软件创新发展专题会议在济南举办

11月29日至12月1日，由济南市人民政府、山东省工业和信息化厅、国家工业信息安全发展研究中心共同主办的2023软件创新发展大会在济南举行。工业和信息化部信息技术发展司副司长王威伟，济南市副市长谢堃，山东省工业和信息化厅党组成员、副厅长安文建出席大会并致辞，中国工程院院士李培根、中国科学院院士郭雷出席大会并作主旨报告。大会期间，高端工业软件创新发展专题会议顺利召开，会议邀请工业软件领域领军人物、制造业龙头企业高管、权威专家学者，通过多种方式深入探讨，共商发展大计，共享发展机遇。

【评论】此外，重庆第三届中国工业软件大会、湖州2023国家工业软件大会、深圳2023工业软件生态大会等创新大会在各地多点开花，为行业专业人士提供了更多深入交流的机会，也为各地工业软件创新发展搭建了更为广阔的平台。通过共同谋划工业软件领域的新合作，促进了产业链上下游的深度融合，为工业软件产业的新发展注入了更多活力。

2. 展示推介："高端工业软件产品及应用案例"评审会及演示试用、示范推广活动成功举办

5月28日，国家工业信息安全发展研究中心依托"高端工业软件创新发展领航计划"，联合中关村科创智慧军工产业技术创新战略联盟共同组织召开"高端工业软件产品及应用案例"评审会及演示试用、示范推广活动。会议邀请了军工集团的总部和用户单位、优势工业软件厂商、高校等近40家单位参会。专家组听取了近30家单位的案例汇报和产品演示，并提出推荐意见。活动形成的优秀案例产品集，将在中心工业软件创新示范基地进行宣传推介，并在行业重点应用推广。

【评论】在国防科工局的支持下，国家工业信息安全发展研究中心汇聚行业优势力量，共同打造工业软件创新示范基地，为产学研用各方提供创新成果对接和推广的服务平台。本次活动通过供需精准对接和服务，增强研用互信，加速自主成果推广应用，筑牢国产工业软件发展的压舱石。

3. 产融合作："高端工业软件创新发展领航计划——走进上交所"活动成功举办

6月29日，国家工业信息安全发展研究中心举办"高端工业软件创新发展领航计划——走进上交所"活动。14家工业软件企业及中国互联网投资基金、经纬创投（北京）投资管理顾问有限公司等股权投资机构的代表受邀参加。活动中，代表们参观了上海证券交易所投资者教育基地，中心介绍了国产工业软件生态发展情况，参会企业从投资机构、上市企业的角度剖析产业发展趋势、投资机遇及上市过程中的关键问题，并与上交所专家深入交流，共同探索工业软件产融发展推进路径。

【评论】"走进上交所"活动有力地推动了企业与资本市场的对接，为企业借力资本市场加快发展搭建了桥梁，也为企业研判发展思路和上市策略提供参考。

Abstract

Software, as a carrier of human knowledge and civilization, is the "soul" of the new generation of information technology and an important force in accelerating the development of new productive forces and promoting new industrialization. "Software definition" leads innovation, promotes transformation, cultivates momentum, continuously accelerates the process of digital industrialization and industrial digitization, and provides key support for the construction of manufacturing, networking, and digital China. During the 14th Five Year Plan period, a new round of global technological revolution and industrial transformation is deepening, and China's economy is moving towards a new stage of high-quality development, ushering in new development opportunities for the software industry.

This book comprehensively evaluates the development of the global software industry in 2023, and provides special discussions on basic software, open source, industrial software, emerging technologies, and regional industrial development. In 2023, the national software development strategy was deeply promoted, and the software "14th Five Year Plan" was fully implemented. The software and information technology service industry continued to maintain double-digit output growth, ranking among the top in various industries of the national economy. It played a "locomotive" role in economic growth, showing strong development momentum and broad development prospects. Breakthroughs in innovation in various fields were reflected in four aspects. The first is application traction, with the continuous expansion of the application scale of domestic software products, the continuous enhancement of the ability to control key core technologies, and the steady improvement of product quality and services. The second is ecological cultivation, with continuous optimization of China's software industry ecology, gradually forming a good trend of software hardware collaboration and mutual promotion of production and use; The development momentum of open source is rapid, and new achievements have been made in the development of open source projects, communities, and talents, helping to promote the internationalization of China's open source ecosystem. The third is innovative breakthroughs, represented by the explosive growth of generative artificial intelligence technology represented by big models. Domestic artificial intelligence has achieved product leaps and industrial upgrades, and is profoundly affecting the product form, technical architecture, development methods, and industrial pattern of software. Large-scale AI models have truly empowered thousands of industries. The fourth is to break through the industry, accelerate independent innovation in industrial software, further promote the digital transformation of traditional industries, accelerate the pace of software empowerment of new industrialization, gradually open up market space, and rise to break through at the right time.

Keywords: Software Industry; Basic Software; Industrial Software; Emerging Technologies

Contents

I General Report

B.1 2023 Software Industry Development Report
Cheng Weichen, *Zhao Rao and Xu Zhixin* / 001

Abstract: Software is the soul of the new generation of information technology, an important foundation for the development of the digital economy, and a key support for the construction of a manufacturing power, a network power, and a digital China. In 2023, China's software industry as a whole will show the characteristics of steady growth, controllable risks, increased benefits, and growing vitality, and its comprehensive strength has reached a new level. At the same time, China's software industry continues to open up new tracks, reconstruct the software ecosystem, and accelerate the formation of new quality productive forces. In the new era and new journey, in the face of increasingly fierce international competition and industrial and supply chain security challenges, and focusing on the major strategic deployment of accelerating the promotion of new industrialization, China's software industry should persist in making up for short boards, stretching long boards and forging new boards, comprehensively improve the independent innovation of the industrial system, and accelerate the high-quality development.

Keywords: Software Industry; Digital Economy; New Quality Productive Forces

Ⅱ   Basic Software Reports

B.2   Present Situation, Problems and Suggestions of Basic

　　Software Development in China　　*Zhao Yangguang* / 013

Abstract: Basic software is a general term for software that plays a fundamental and platform role in information systems, such as operating systems, databases, middleware, office software, compilers, etc. In recent years, with the joint efforts of the industry, China's basic software has made significant progress, effectively enhanced product supply capacity, continuously expanded application scale, and accelerated ecological construction. However, at the same time, it also faces some problems and challenges. It is urgent to increase support from application, research and development, open source, and ecological aspects to accelerate the high-quality development of China's basic software.

Keywords: Basic Software; Operating System; Database; Open Source

B.3   The Development Status and Suggestion of Mobile

　　Operating System in China　　*Cheng Yu, Wang Yingru* / 019

Abstract: Following Huawei's HarmonyOS, several domestic mobile operating systems such as Xiaomi's HyperOS, vivo's BlueOS, and OPPO's ColorOS have emerged one after another, aiming to build a cross-device and cross-system application ecosystem on a larger scale. Through analyzing the development process, domestic mobile operating systems have carried out beneficial explorations in openness, intelligence, and other aspects. However, the risks and challenges such as insufficient adaptation, incomplete supporting tools, and a lack of talent cannot be ignored. It is recommended that domestic enterprises continue to enhance technological innovation and firmly grasp the development opportunities in the era of intelligent interconnection of everything.

Keywords: Mobile Operating System; Open Source; Internet of Everything

B.4 Research on the Open Source Path of Domestic

Automotive Operating Systems

Li Yujia, Yu Yuzhou and Cheng Weichen / 024

Abstract: In the new round of global scientific and technological revolution and industrial change, the automotive industry has become the most advanced position in the competition of software and hardware science and technology strength of a country. Our country attaches great importance to the development of vehicle operating system. In the "New Energy Automobile Industry Development Plan (2021 - 2035)", the National Development and Reform Commission clearly proposed "breaking through key technologies and products such as vehicle level chips, vehicle operating systems, and new electronic and electrical architectures", and provinces and cities also actively promoted the development of vehicle operating systems, and made corresponding deployments in the local "14th Five-Year Plan". However, in our country, the vehicle operating system started relatively late and developed relatively slowly. There are still some problems to be solved, such as the imperfect standard system and the difficulty of the bottom technology breakthrough.

Keywords: Vehicle Operating System; The Automobile Industry; Open Source Ecology; Basic Software

B.5 The Current Status and Trends of Database Industry Development in China

Cheng Weichen, Wen Shuyun and Zhao Yangguang / 031

Abstract: As one of the most important foundational software in the IT industry, databases are the cornerstone of ensuring the stable operation of computer systems and directly affect the level of digital infrastructure development. With the deepening development of a new round of global technological revolution and industrial transformation, the database industry has ushered in a significant historical opportunity period of group breakthroughs, iterative upgrades, and large-scale applications. In recent years, with the strong support of national policies, China's database industry has entered an era of flourishing and competition among a hundred schools of thought. However, there are still constraints such as insufficient originality of core technologies, scattered industrial power layout, and incomplete ecology. Accelerating the improvement of domestic database technology innovation and industrial supply capacity, and building a self owned industrial ecosystem dominated by ourselves, has great significance for ensuring the security of the basic software supply chain and achieving high-quality development.

Keywords: Database; Technological Innovation; High Quality Development

B . 6   The New Generation of Information Technology Opens Up

a New Path for the Leapfrog Development of Basic Software

Xu Zhixin, Wen Shuyun and Li Yujia / 039

Abstract: Currently, basic software is developing rapidly around the world, and the global market is expanding. With the rise of emerging technologies such as artificial intelligence, cloud computing, and big data, many manufacturers have begun to emerge, and the global basic software industry structure has gradually changed. Operating systems, databases, office software, and middleware are becoming mobile, cloud-based, and intelligent. The empowerment of the new generation of information technology opens up new development paths for basic software technology changes and industrial upgrading.

Keywords: Basic Software; New Generation of Information Technology; Cloudization; Intelligence

Ⅲ   Open Source Reports

B . 7   Research on the Path of High Level Construction of

China's Open Source System

Cheng Weichen, Wang Pu and Chen Rong / 047

Abstract: With the characteristics of gathering the wisdom and adopting the advantages of the masses, open source has been accelerating industrial iteration and promoting collaborative innovation between industry and application. In recent years, it has become the dominant mode of global software technology and industrial innovation. With the wave of a new round of scientific and technological revolution, open source is reshaping the global landscape of scientific and technological competition as a form of digital public infrastructure. China needs to base itself on a new stage of development and break through the strategic blockade of the United States and the West through various effective methods, which could improve the resilience and security level of China's industrial and supply chains.

Keywords: Open Source System; Open Source Software; Software Supply Chain Risks

B.8 Exploration of Compliance Issues with Open

Source Licenses *Wang Pu*, *Cheng Yu* / 059

Abstract: Open source originated from software and developed in the digital economy, which is a new production mode of openness, co-construction, co-governance and sharing in the digital era. The CPC Central Committee and the State Council attach great importance to the development of open source, and a series of policy documents such as the 14th Five-Year Plan for National Economic and Social Development and the National Software Development Strategy have made clear arrangements for open source, promoting the improvement of China's open source infrastructure, the continuous emergence of excellent project communities, and the prosperity of innovative ecological hormones. With the deepening of China's open source development, security issues in the open source field have also begun to receive attention, and license compliance has become a necessary topic to escort ecological development, standardize innovative behaviors, and ensure supply chain security.

Keywords: Software License; Open Source Compliance; Open Source Licenses; Intellectual Property

Contents ↖↘

B.9 Current Status and Suggestions for the Development of

RISC-V Software Ecosystem

Wang Yingru, *Cheng Yu* / 066

Abstract: RISC-V, with its open, concise, and modular architectural characteristics, has demonstrated strong development potential in both technological innovation and market demand. It is expected to compete with X86 and ARM architectures to share the market. Currently, RISC-V is enjoying a robust momentum of growth, but its accompanying software ecosystem still needs improvement. By sorting out the development characteristics of the RISC-V software ecosystem, it is of great significance for China to seize the opportunities of the times, solidify the foundation of basic software, and accelerate the construction of a high-level RISC-V software ecosystem.

Keywords: RISC-V; Software Ecosystem; Open Source

B.10 Research on the Open and Closed Source Development

Model of the Large Language Models   *Zhao Rao* / 072

Abstract: The global technological revolution and industrial application wave set off by large language models are reshaping the new entrance of the era of intelligent interconnection of all things, and has become a must for global scientific and technological competition. Many large language model manufacturers and research institutions have chosen different development models to seize this frontier position according to their own technology accumulation, target users, application fields, etc. Starting from the current situation and development mode of large models, this paper analyzes the open and closed source strategies of large language model manufacturers, and proposes that the key to the open source development of large language models is to build high-quality datasets, break through the bottleneck of computing power, improve open source protocols, and build evaluation systems.

Keywords: Large Language Models; Open Source; Artificial Intelligence

B.11 Interpretation of CISA's Open Source Software

Security Roadmap   *Li Yujia, Cheng Weichen* / 079

Abstract: On September 12, 2023, the United States Federal Cybersecurity and Infrastructure Security Agency (CISA) issued the "CISA Open Source Software Security Roadmap" (hereinafter referred to as the "Roadmap"), from the perspective of maintaining the federal government's network security and critical infrastructure security, to clarify the role of government departments in supporting the sustainable development and security of open source software. Critical tasks are deployed. The Roadmap defines the nature of open source software as a digital public good, pays high attention to two types of unique risks such as the "chain" effect of open source software vulnerabilities and the "poisoning" of supply chains, implements the "small core" protection of U. S. government networks and critical infrastructure, strengthens the "large-scale" linkage and collaboration of the open source ecosystem, and builds the overall work pattern of open source software security. It can be used as a reference for our country to accelerate the improvement of the security guarantee ability of open source supply chain.

Keywords: Open Source Software; Risk Vulnerability; Supply Chain Security; Industrial Policy

Ⅳ Industrial Software Reports

B.12 Artificial Intelligence Technology Has Become a Powerful Engine Driving Industrial Software Innovation

Li Mingshi, Tian Lijuan / 085

Abstract: In 2023, the development of artificial intelligence technology has reached a new climax, especially significant progress has been made in generative artificial intelligence and large models. In the field of industrial software, artificial intelligence technology is accelerating its application in products and services such as research and development design, production and manufacturing, business man-agement, and operation and maintenance services, showing a thriving trend. Foreign giants and domestic manufacturers are further actively laying out "AI + industrial software", fully catching up with the wave of generative artificial intelligence and big models.

Keywords: Industrial Software; Artificial Intelligence; Big Model

B.13 Accelerating Domestic Industrial Software Through Open Source Innovation Engine

Meng Yan, Tian Lijuan / 092

Abstract: At present, open source has become the dominant mode of basic software innovation. Relatively speaking, the progress of open source in the industrial software field is relatively slow and still in the exploratory and nurturing stage. Global industrial software giants have formed some excellent open-source industrial software projects, and China has also achieved phased results in several open-source industrial software projects. With the rapid development of emerging technologies, the accelerated integration of emerging technologies and industrial software, and the continuous construction of China's industrial software open source ecosystem, the innovation engine role of open source in the field of industrial software will be further exerted.

Keywords: Industrial Software; Open Source; Innovation Mode

B. 14 Enhance Pilot Support and Promote High-quality

Development of the Software Industry

Li Mingshi, Mi Mingwei and Lv Yingming / 099

Abstract: In order to accelerate the transformation of scientific and technological achievements into real productivity, China's national and local governments have issued a series of pilot-related policies and measures. China has clearly identified pilot as a key link in promoting industrial innovation and upgrading, actively promoted the construction of pilot bases and public service platforms, promoted the pilot maturation of advanced scientific research results, and accelerated the realization of industrial application. Based on the review of domestic policies and measures, this paper studies and analyzes the significance, current status and existing problems of pilot, and puts forward targeted suggestions for the next step of development, providing direction guidance for subsequent related research.

Keywords: Software Industry; Pilot Verification; Service System; Promotion and Application

B. 15 Research on the Framework of Industrial Software
Integration Adaptation Standard System

Tian Lijuan, Mi Mingwei / 107

Abstract: At present, the degree of interconnection between domestic industrial software is low, and the compatibility and adaptation with domestic basic software and hardware are low, making it difficult to form a national industrial software integration application solution and meet the needs of high-end equipment development, a complex system engineering. The standards related to industrial software integration and adaptation are important support for promoting the development of national industrial software solutions. It is necessary to improve the relevant standard system framework as soon as possible, accelerate the development of urgently needed standards, and promote the systematic development of domestic industrial software.

Keywords: Industrial Software; Integrated Adaptation; Standard System

B. 16 Current Development Status of Industrial Software
Industry Alliance in China *Tian Lijuan, Li Haotian* / 112

Abstract: In recent years, under the influence of policy dividends and other factors, the development momentum of China's industrial software industry has surged. Multiple industrial software industry alliances have been established in various parts of the country. Each alliance focuses on target positioning and main tasks, actively carries out industrial research, standard development, supply and demand docking, talent training and other activities, and has played a good promoting role in the construction of the industrial ecosystem.

Keywords: Industrial Software; Industrial Alliance; Industrial Ecological Construction

V　Emerging Technologies Reports

B.17　Report on the Development of China's AI Large Model
　　　　Industry in 2023

Xu Zhixin，Cheng Weichen / 119

Abstract: Artificial intelligence large models are setting off a global new technological revolution and industrial application wave. The large model will reshape the entrance to the era of intelligent interconnection of all things, create a new digital technology base, lead application innovation and transformation, accelerate the empowerment of thousands of industries, and inject new momentum and bring new opportunities to the development of China's digital economy. At present, the development of China's large model industry is rapidly following up, the technology ecosystem is prosperous, and algorithms are rapidly catching up. However, China's large model industry still faces prominent bottlenecks such as pressure on computing power and hardware, and insufficient data openness. The pace of China's large model industry application and ecological construction lags behind that of foreign countries. In order to seize the opportunities of the new round of technological change, we should vigorously promote the technological innovation and industrial application of domestic large models, build an independent large model ecosystem with software and hardware collaboration, openness and win-win, accelerate the formation of new advantages in the basic software and hardware industry, and enhance the global competitiveness of the industry.

Keywords: Large Model; Computing Power; Data; Ecosystem

B. 18   Insight into and Development Proposal of Chinese

Blockchain Industry

Yang Mengqi, *Xu Zhixin and Zhao Zhe* / 124

Abstract: Blockchain is of great significance to the development of China's digital economy and presents new development trends against the backdrop of Web3. 0 emerging as a global competitive hotspot. On the one hand, the blockchain industry has received strong support from domestic policies with clearer development positioning. The blockchain technology has shown significant technical convergence, with continuous optimization of its functionality and performance, and the blockchain applications has improved in both breadth and depth. On the other hand, blockchain is demonstrating a new trend of integration with emerging technologies and domestically developed information technologies; it will jointly promote the systematic upgrade of the internet architecture with technologies such as artificial intelligence, and also receives new development opportunities with the vigorous construction of the data elements market. To seize the new industrial development opportunities, efforts should be made to promote the construction of the next-generation internet and the data elements market from aspects such as technology integration, practical application effectiveness, and industrial collaboration.

Keywords: Blockchain; Data Elements; Next-generation Internet

B.19   Report on the High Quality Development of China's Cloud Computing Industry in 2023

Xu Zhixin, Wen Shuyun / 129

Abstract: With the rapid development of the digital economy, the world's major powers continue to make efforts to promote the development of the cloud computing industry. As a concentrated expression of digital technology development and service model innovation, the next generation of cloud computing will enter a new stage of vigorous development in the next few years. In recent years, the development of China's cloud computing industry has achieved remarkable results. On the industry side, breakthroughs in cloud native technology have led to the reshaping and innovation of upstream and downstream software and hardware development models. On the supply side, the cloud computing market that is more in line with China's demand for massive data and diverse scenarios is accelerating. The development of China's cloud computing industry is driving the transformation and reform of the software industry. In order to seize new opportunities for the development of next-generation cloud computing, China's cloud computing industry should increase policy traction, focus on underlying technology research, support SaaS service model application innovation, accelerate the construction of cloud security systems, and promote the steady and long-term development.

Keywords: Next Generation Cloud Computing; Industry Development; Cloud Native; SaaS

B.20   Research on the Development Path of the Chinese

Web3. 0 Industry   *Yang Mengqi* / 137

Abstract: Web3. 0 is gradually becoming matured after years of development. While the regulation of crypto assets is continuously improving and the digital asset market returns to rationality, it exhibits trends such as development in an open source model and the transition from fictitious to the substantial. However, it also faces compliance issues such as data security. Given the current development situation of the Web3. 0 industry and considering China's needs in regulation and industrial upgrading, it is necessary to strengthen the research and development capabilities of public blockchain technology, while choosing a technical path that focuses on open consortium blockchains and combines open source and closed source development. Additionally, non-financial applications that enables areas such as the real economy and social services should be focused on. At the same time, efforts should be made in areas including technological breakthroughs, industry applications, industrial ecology, and regulatory mechanisms, to address the risks and challenges faced by the domestic Web3. 0 industry.

Keywords: Web3. 0; Blockchain; Digital Economy

B.21 Privacy Computing Helps Secure Circulation of

Data Elements *Zhang Chang*, *Chen Rong* / 145

Abstract: In recent years, data has become a key production factor and a key strategic resource affecting future development. China's data element industry has developed rapidly that benefited by preferential policy, but there are still hidden dangers such as data leakage and abuse in the integration and sharing of data and cross-border flows. As a technological breakthrough to break data silos, private computing technology has received further support and development. In order to solve the technical, security and compliance challenges faced by privacy computing in application practice, it is recommended to strengthen policy support, improve platform collaboration and system construction, promote ecological improvement.

Keywords: Data Elements; Data Circulation; Privacy Computing

B.22 Risk Management Escorts the Healthy Development of

Artificial Intelligence Industry *Guo Xinzhu* / 152

Abstract: In recent years, artificial intelligence represented by ChatGPT has set off a global upsurge, and AI risk management has gradually become the strategic focus of AI competition among major countries. Through comparative analysis of artificial intelligence risk architecture and legal regulations in major countries such as the European Union, the United States and China, this paper clarifies three typical characteristics of risk management in the new generation of information technology industries such as artificial intelligence and big data, and puts forward suggestions on accelerating the establishment and improvement of

China's new generation of information technology risk management system.

Keywords: Artificial Intelligence; The New Generation of Information Technology; Risk Management; Technical Risk

Ⅵ Regional Industrial Development Reports

B. 23 Research on Collaborative Development of

Beijing-Tianjin-Hebei Software Park　　*Zhang Hongni* / 158

Abstract: The Coordinated Development of the Beijing-Tianjin-Hebei Region is the first national regional development strategy in China since the 18th National Congress of the Communist Party of China. In the past decade, the three regions have formed a positive interaction in industrial and innovative cooperation, and the overall strength of the region has reached a new level. The high-quality development of the software industry has taken rapid and stable steps, and the resilience and security level of the industrial chain and supply chain have significantly improved. This has guided the distinctive and differentiated development of the regional software industry, effectively enhancing the resource allocation and radiation driving ability of the industrial cluster. In the future, it is necessary to further implement the new development concept and promote industrial cooperation from general industries to building world-class industrial clusters.

Keywords: Coordinated Development of the Beijing-Tianjin-Hebei Region; Software Park; Industry Chain

B.24 Research on the Agglomeration Development of

　　Software Industry in Guangdong-Hong Kong-Macao

　　Greater Bay Area　　　　　　　　　*Guo Xinzhu* / 165

Abstract: The Guangdong-Hong Kong-Macao Greater Bay Area is one of the most open and economically dynamic regions in China, and plays an important strategic role in the overall development of the country. By analyzing the development basis and agglomeration development pattern of the software industry in the Guangdong-Hong Kong-Macao Greater Bay Area, this paper clarifies the driving role of software innovation engines in Shenzhen and Guangzhou, and clarifies the leading role of Shenzhen Bay Software Park and Tianhe Software Park in the development of regional software industry. The development pattern of software industry agglomeration in Guangdong-Hong Kong-Macao Greater Bay Area of "deep-ear innovation + Hong Kong-Macao application + regional collaboration" has been studied and judged.

Keywords: Software Industry; Agglomeration Development; Software Park; Guangdong-Hong Kong-Macao Greater Bay Area

B.25 Software Parks Help the High Quality Development of the

　　Yangtze River Delta Software Industry　　　*Liu Wei* / 170

Abstract: The integrated development of the Yangtze River Delta has been a national strategy for five years. The software industry is an advantageous industry in the Yangtze River Delta, with significant results in coordinated development. In 2023, the Yangtze River Delta region achieved a software business revenue of 3.5 trillion yuan, accounting for

28. 7% of the total software revenue in the country. The agglomeration effect of the software industry in the Yangtze River Delta region is significant, with a large number of software parks, which have become an important carrier for high-quality industrial agglomeration development. In the context of new industrialization, in order to better leverage the leading role of regional industries, this article analyzes the current situation and characteristics of the development of the software industry and software parks in the Yangtze River Delta. Research has shown that software parks in the Yangtze River Delta have played an important supporting role in enhancing the security of the industrial and supply chains. However, there are still many aspects that need to be strengthened, including collaborative development in key core areas, division of labor and cooperation in industrial and supply chains, and cultivation of industrial ecology. It is urgent to make multidimensional efforts in promoting deep industrial cooperation, guiding the characteristic development of industrial, and strengthening the cultivation of industrial ecology to further enhance the strength of the regional software industry.

Keywords: Software Park; Saftwork Industry; Yangtze River Delta Integration

B . 26   Research on the Leading Role of Chengdu–Chongqing
Software Industry in High Quality Development
of Western Region   *Li Dandan* / 177

Abstract: The Chengdu-Chongqing twin city area economic circle has experienced five years of development since its proposal in 2020, with its economic strength and industrial modernization level significantly improved. In 2023, the economic aggregate of The Chengdu-Chongqing twin city area economic circle exceeded 8 trillion yuan, accounting for an increasing proportion of the total economy of the Southwest region. As the backbone of building a modern industrial system, the software industry in the Chengdu-Chongqing region has achieved remarkable results and gradually become the "fourth pole" of national software. Entering a period of strategic deepening, the development of software industry in the Chengdu-Chongqing region faces new challenges and requirements. To grasp the important mission opportunity of "promoting the construction of the twin-city economic circle in Chengdu-Chongqing region" newly entrusted by the country, and highlight the development engine effect of Chengdu-Chongqing "Gemini", it is necessary to make concerted efforts from multiple dimensions such as policy, technology, enterprise, talent, etc., comprehensively promoting Chengdu-Chongqing region to build a high-quality development source and vanguard of western software industry.

Keywords: Software Industry; Engine Effect; Collaborative Efforts; Chengdu-chongqing Twin City Area Economic Circle

B.27 Research on the Path of High-quality Construction of The China's Software Park   *Xu Rui* / 183

Abstract: As the carrier of human knowledge and civilization, software is the "soul" of the new generation of information technology and the key support to accelerate the new industrialization. Software park is an important carrier to promote the software industry to become bigger and stronger. As China's software industry enters a new stage of high-quality development, the construction of the China's famous software park has become a national strategy. Under the guidance of the China's famous software park policy, China's software parks show a good momentum of high-quality development, but there are still problems such as the development level of "characteristic" is not high, the ability of "high-end" is insufficient, and the planning of "specialization" is not enough. It is necessary to adhere to high standards to build the China's famous software park, lead the overall quality upgrading of software parks in the country, and drive the high-quality development of China's software industry to a new level.

Keywords: Software Industry; Software Park; High-quality Development

Ⅶ Special Topic Reports

B.28 Domestic Software Value Problem Analysis and Financial

Support Path Research   *Guo Xinzhu, Wang Zhaojie* / 188

Abstract: The Central Financial Work Conference clearly proposed to do a good job in science and technology finance, green finance, inclusive finance, pension finance, digital finance five major articles. Science and technology finance, as the first of the five major articles, is an important starting point to promote the self-reliance of high-level science and technology. This paper reviews the policy layout of science and technology finance in major provinces in China in recent years. Focusing on the life cycle of science and technology enterprises, the quantification of innovation of science and technology enterprises, and regional collaboration of science and technology finance, it extracts the main characteristics of science and technology finance layout in different regions, studies and analyzes the value dilemma faced by China's software industry, and provides suggestions for improving the value of software and improving the efficiency of science and technology finance allocation in the software field. To achieve the high-quality development of the financial enabling software industry, it puts forward policy suggestions.

Keywords: Science and Technology Finance; Software Value; Innovation Evaluation; Enterprise Life Cycle

B.29 Research on the Governance System and Measures of Foreign Software Supply Chain

Cheng Weichen, Li Yujia and Yang Mengqi / 195

Abstract: Software is the soul of the new generation of information technology, the foundation of the development of the digital economy, and the key support for the construction of a manufacturing power, a network power, and a digital China. With the development of the industry, software development, delivery and application have broken through the original relatively closed and trusted single organizational boundary, increasingly moving towards large-scale collaboration, and the association and dependence of software components have become increasingly complex, forming a software supply chain covering the world. At present, the software supply chain is facing both traditional security threats and open source new security challenges, and the software supply chain has increasingly become an important means of competition and game between major countries, and the risks such as "service interruption" and "decoupling and chain interruption" have been comprehensively intensified, laying huge hidden dangers for the stable and prosperous development of our industry. It is necessary to adhere to the bottom line thinking, balance development and security, strengthen the systematic layout of software supply chain management, accelerate the construction of an independent, controllable, safe and reliable, and competitive software industry chain supply chain, and effectively improve the resilience and security level of China's software supply chain.

Keywords: Open Source Software; Software Bill of Material; Supply Chain Security; Industrial Policy

社会科学文献出版社

皮 书

智库成果出版与传播平台

❖ 皮书定义 ❖

皮书是对中国与世界发展状况和热点问题进行年度监测，以专业的角度、专家的视野和实证研究方法，针对某一领域或区域现状与发展态势展开分析和预测，具备前沿性、原创性、实证性、连续性、时效性等特点的公开出版物，由一系列权威研究报告组成。

❖ 皮书作者 ❖

皮书系列报告作者以国内外一流研究机构、知名高校等重点智库的研究人员为主，多为相关领域一流专家学者，他们的观点代表了当下学界对中国与世界的现实和未来最高水平的解读与分析。

❖ 皮书荣誉 ❖

皮书作为中国社会科学院基础理论研究与应用对策研究融合发展的代表性成果，不仅是哲学社会科学工作者服务中国特色社会主义现代化建设的重要成果，更是助力中国特色新型智库建设、构建中国特色哲学社会科学"三大体系"的重要平台。皮书系列先后被列入"十二五""十三五""十四五"时期国家重点出版物出版专项规划项目；自2013年起，重点皮书被列入中国社会科学院国家哲学社会科学创新工程项目。

皮书网

（网址：www.pishu.cn）

发布皮书研创资讯，传播皮书精彩内容
引领皮书出版潮流，打造皮书服务平台

栏目设置

◆ **关于皮书**

何谓皮书、皮书分类、皮书大事记、
皮书荣誉、皮书出版第一人、皮书编辑部

◆ **最新资讯**

通知公告、新闻动态、媒体聚焦、
网站专题、视频直播、下载专区

◆ **皮书研创**

皮书规范、皮书出版、
皮书研究、研创团队

◆ **皮书评奖评价**

指标体系、皮书评价、皮书评奖

所获荣誉

◆ 2008 年、2011 年、2014 年，皮书网均
在全国新闻出版业网站荣誉评选中获得
"最具商业价值网站"称号；

◆ 2012 年，获得"出版业网站百强"称号。

网库合一

2014年，皮书网与皮书数据库端口合
一，实现资源共享，搭建智库成果融合创
新平台。

皮书网

"皮书说"
微信公众号

S 基本子库
UB DATABASE

中国社会发展数据库（下设 12 个专题子库）

紧扣人口、政治、外交、法律、教育、医疗卫生、资源环境等 12 个社会发展领域的前沿和热点，全面整合专业著作、智库报告、学术资讯、调研数据等类型资源，帮助用户追踪中国社会发展动态、研究社会发展战略与政策、了解社会热点问题、分析社会发展趋势。

中国经济发展数据库（下设 12 专题子库）

内容涵盖宏观经济、产业经济、工业经济、农业经济、财政金融、房地产经济、城市经济、商业贸易等 12 个重点经济领域，为把握经济运行态势、洞察经济发展规律、研判经济发展趋势、进行经济调控决策提供参考和依据。

中国行业发展数据库（下设 17 个专题子库）

以中国国民经济行业分类为依据，覆盖金融业、旅游业、交通运输业、能源矿产业、制造业等 100 多个行业，跟踪分析国民经济相关行业市场运行状况和政策导向，汇集行业发展前沿资讯，为投资、从业及各种经济决策提供理论支撑和实践指导。

中国区域发展数据库（下设 4 个专题子库）

对中国特定区域内的经济、社会、文化等领域现状与发展情况进行深度分析和预测，涉及省级行政区、城市群、城市、农村等不同维度，研究层级至县及县以下行政区，为学者研究地方经济社会宏观态势、经验模式、发展案例提供支撑，为地方政府决策提供参考。

中国文化传媒数据库（下设 18 个专题子库）

内容覆盖文化产业、新闻传播、电影娱乐、文学艺术、群众文化、图书情报等 18 个重点研究领域，聚焦文化传媒领域发展前沿、热点话题、行业实践，服务用户的教学科研、文化投资、企业规划等需要。

世界经济与国际关系数据库（下设 6 个专题子库）

整合世界经济、国际政治、世界文化与科技、全球性问题、国际组织与国际法、区域研究 6 大领域研究成果，对世界经济形势、国际形势进行连续性深度分析，对年度热点问题进行专题解读，为研判全球发展趋势提供事实和数据支持。

法律声明

"皮书系列"（含蓝皮书、绿皮书、黄皮书）之品牌由社会科学文献出版社最早使用并持续至今，现已被中国图书行业所熟知。"皮书系列"的相关商标已在国家商标管理部门商标局注册，包括但不限于LOGO（ ▨ ）、皮书、Pishu、经济蓝皮书、社会蓝皮书等。"皮书系列"图书的注册商标专用权及封面设计、版式设计的著作权均为社会科学文献出版社所有。未经社会科学文献出版社书面授权许可，任何使用与"皮书系列"图书注册商标、封面设计、版式设计相同或者近似的文字、图形或其组合的行为均系侵权行为。

经作者授权，本书的专有出版权及信息网络传播权等为社会科学文献出版社享有。未经社会科学文献出版社书面授权许可，任何就本书内容的复制、发行或以数字形式进行网络传播的行为均系侵权行为。

社会科学文献出版社将通过法律途径追究上述侵权行为的法律责任，维护自身合法权益。

欢迎社会各界人士对侵犯社会科学文献出版社上述权利的侵权行为进行举报。电话：010-59367121，电子邮箱：fawubu@ssap.cn。

社会科学文献出版社

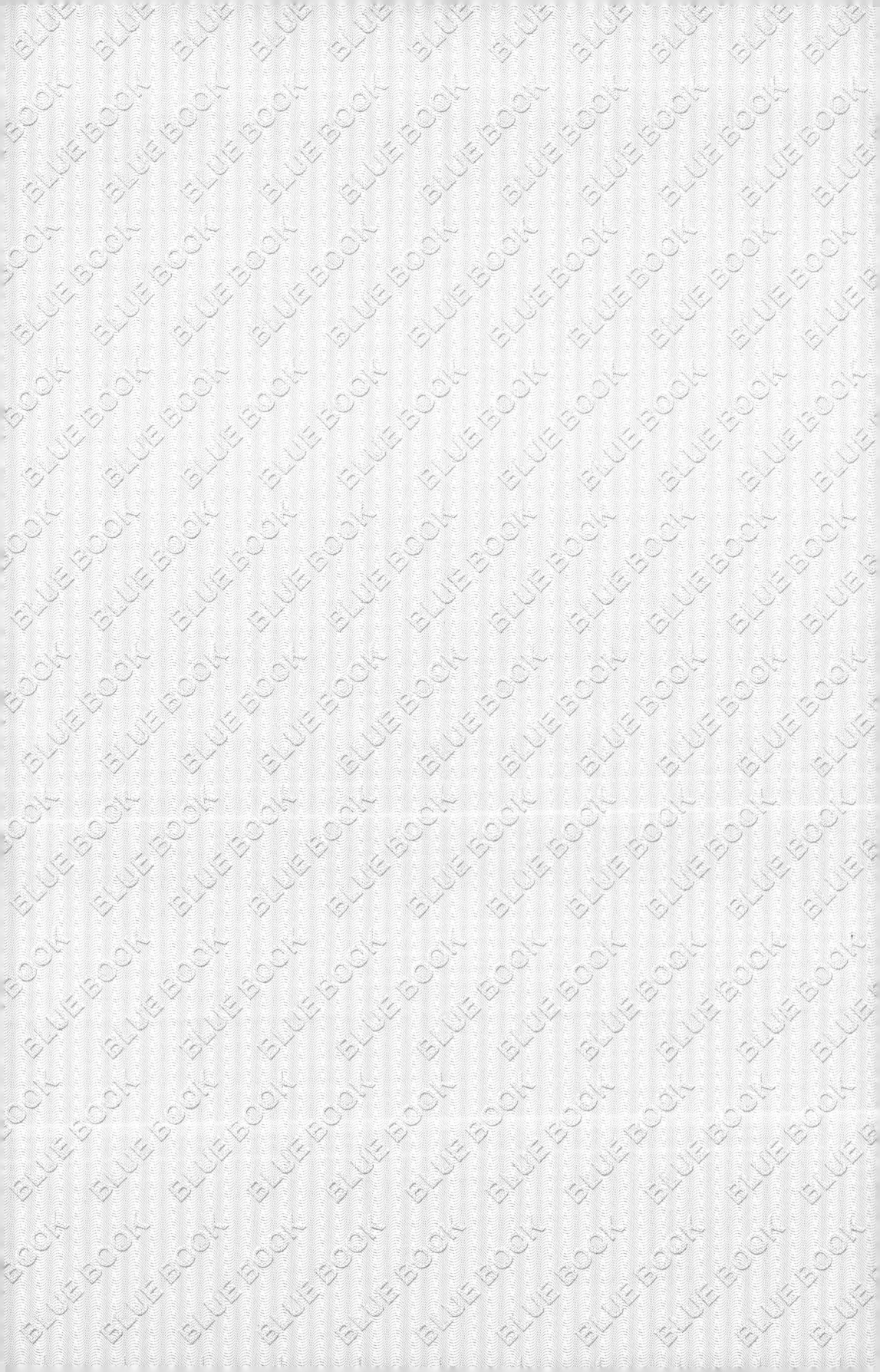